Psicologia das habilidades sociais
na infância:
Teoria e prática

Dados Internacionais de Catalogação na Publicação (CIP)
(Câmara Brasileira do Livro, SP, Brasil)

Del Prette, Zilda A.P.
  Psicologia das habilidades sociais na infância : teoria e prática / Zilda A.P. Del Prette, Almir Del Prette ; ilustração de Marcela Cristina de Souza. 6. ed. – Petrópolis, RJ : Vozes, 2013.

14ª reimpressão, 2024.

ISBN 978-85-326-3144-2

  1. Habilidades sociais em crianças 2. Psicologia 3. Relações interpessoais em crianças I. Del Prette, Almir. II. Souza, Marcela Cristina de. III. Título.

05-1695   CDD-302.14083

Índices para catálogo sistemático:
  1. Habilidades sociais na infância : Psicologia Clínica e Psicologia Educacional   302.14083

Zilda A.P. Del Prette
Almir Del Prette

Psicologia das habilidades sociais na infância: teoria e prática

Ilustração
Marcela Cristina de Souza

Petrópolis

© 2005, Editora Vozes Ltda.
Rua Frei Luís, 100
25689-900 Petrópolis, RJ
www.vozes.com.br
Brasil

Todos os direitos reservados. Nenhuma parte desta obra poderá ser reproduzida ou transmitida por qualquer forma e/ou quaisquer meios (eletrônico ou mecânico, incluindo fotocópia e gravação) ou arquivada em qualquer sistema ou banco de dados sem permissão escrita da editora.

CONSELHO EDITORIAL

Diretor
Volney J. Berkenbrock

Editores
Aline dos Santos Carneiro
Edrian Josué Pasini
Marilac Loraine Oleniki
Welder Lancieri Marchini

Conselheiros
Elói Dionísio Piva
Francisco Morás
Gilberto Gonçalves Garcia
Ludovico Garmus
Teobaldo Heidemann

Secretário executivo
Leonardo A.R.T. dos Santos

PRODUÇÃO EDITORIAL

Aline L.R. de Barros
Marcelo Telles
Mirela de Oliveira
Natália França
Otaviano M. Cunha
Priscilla A.F. Alves
Rafael de Oliveira
Samuel Rezende
Vanessa Luz
Verônica M. Guedes

Editoração: Ana Kronemberger
Diagramação: AG.SR Desenv. Gráfico
Capa: Marta Braiman
Ilustração: Marcela Cristina de Souza

ISBN 978-85-326-3144-2

Este livro foi composto e impresso pela Editora Vozes Ltda.

Agradecimentos

O conteúdo deste livro é resultado de mais de uma década de trabalho, desenvolvendo, testando e aprimorando conceitos e metodologia. Durante todo esse período, obtivemos contribuição e ajuda de instituições, pesquisadores, professores e pais. Foram muitos os que prestaram colaboração, direta e indiretamente. É impossível mencioná-los todos. De todo modo, gostaríamos de registrar nossos agradecimentos:

Ao Conselho Nacional de Pesquisa (CNPq) por nos ter concedido, durante vários anos, bolsas de produtividade em pesquisa e de iniciação científica a nossos alunos, quando pudemos, então, desenvolver e avaliar instrumentos de diagnóstico de habilidades sociais de crianças e, simultaneamente, planejar e testar procedimentos de Treinamento de Habilidades Sociais com crianças de diferentes faixas etárias. Esse período possibilitou, também, o aperfeiçoamento das vivências utilizadas nos programas de desenvolvimento de habilidades sociais.

À Fundação de Amparo à Pesquisa no Estado de São Paulo (Fapesp) pelo auxílio financeiro que possibilitou a reforma do nosso Laboratório de Interação Social na Universidade Federal de São Carlos, pelas bolsas de apoio técnico e de iniciação científica nas etapas iniciais do projeto de desenvolvimento do Inventário Multimídia de Habilidades Sociais para Crianças (IMHSC-Del-Prette) e, posteriormente, pela concessão de bolsa de pós-doutoramento.

Ao Departamento de Psicologia da Universidade Federal de São Carlos, pela liberação de Zilda para realizar pós-doutorado no exterior, quando, então, pôde se dedicar, com exclusividade, ao estudo das habilidades sociais de crianças. Somos gratos ao Dr. Frank Gresham e seu grupo de pesquisa pela acolhida na Universidade da Califórnia (UCR), bem como pelo incentivo e apoio durante a vigência do estágio de pós-doutorado.

Às diversas escolas, seus diretores, professores e pais de alunos, das cidades de Uberlândia, Ribeirão Preto e São Carlos e, em particular, à Escola Municipal Janete Lia e à Escola Estadual Bento da Silva César, seus diretores, orientadores pedagógicos e professores, que participaram com entusiasmo das sessões de vivências, aplicando-as em suas salas de aula; aos alunos destas escolas pelas imagens e depoimentos gravados em vídeo.

Às colegas Carolina Severino Lopes, Célia Maria Lana da Costa Zannon, Edna Maria Marturano, Edwiges de Matos Silvares, Fátima Cristina de Souza Conte, Giovana Del Prette e Maura Glória de Freitas, que leram os manuscritos e ofereceram sugestões valiosas, contribuindo, decisivamente, para o aprimoramento deste trabalho.

Ao Bernard Rangé, pela gentileza em fazer a apresentação deste livro.

Sumário

Apresentação, 9

Parte I – Visão geral e conceitos básicos, 13
1. Importância das habilidades sociais na infância, 15
2. Base conceitual da área das habilidades sociais, 30
3. Habilidades sociais relevantes na infância, 41
4. A aprendizagem de habilidades sociais na infância, 50

Parte II – Programa de treinamento de habilidades sociais, 71
5. Planejamento do programa de treinamento de habilidades sociais, 73
6. Vivências em habilidades sociais para crianças, 100

Parte III – Habilidades sociais relevantes: análise e intervenção, 111
7. Autocontrole e expressividade emocional, 113
8. Habilidades de civilidade, 136
9. Empatia, 148
10. Assertividade, 174
11. Solução de problemas interpessoais, 195
12. Fazer amizades, 218
13. Habilidades sociais acadêmicas, 236

Referências bibliográficas, 249

Apresentação

O campo da competência social tem se desenvolvido de forma impressionante nos últimos anos. Cada vez mais são publicados trabalhos em revistas nacionais e internacionais, em capítulos de livros e em livros inteiros dedicados a essa temática. Somente para se ter uma ideia da importância do tema, dentre os quadros psiquiátricos mais prevalentes, a área de ansiedade social ocupa a segunda posição entre todos os transtornos psiquiátricos, logo abaixo da depressão e até acima de quadros como dependência de substâncias.

Dois autores brasileiros têm se destacado dentro dessa área que lida com habilidades sociais: Almir e Zilda Del Prette. Eles definem competência social como algo que "diz respeito aos efeitos de um desempenho social que articula pensamentos, sentimentos e ações em função de objetivos pessoais e de demandas da situação e da cultura, gerando consequências positivas para o indivíduo e para a sua relação com as pessoas". Estes autores já publicaram vários livros, uma escala de avaliação, um inventário multimídia para crianças, uma grande quantidade de artigos dirigidos a públicos os mais diversificados, como psicólogos, educadores, estudantes, crianças e adolescentes, adultos, casais etc.

Almir e Zilda vêm nos brindar, agora, com um novo livro, dirigido para terapeutas infantis, na área de Treino de Habilidades Sociais (THS). Essa obra está dividida em três partes: na primeira, são discutidos conceitos básicos como a importância e desenvolvimento das habilidades sociais na infância, bem como as bases conceituais dessa área; na segunda, são apresentadas orientações para o planejamento de programas de THS para crianças; na terceira, classes de habilidades sociais relevantes são apresentadas e discutidas, com ilustração de vivências para serem dramatizadas nos grupos de habilidades sociais para crianças desenvolvidos por eles mas que, também, podem ser utilizados por quem estiver trabalhando com grupos dessa natureza.

Na primeira parte fica muito clara a importância da competência social na qualidade de vida de qualquer indivíduo, incluindo aí a questão dos transtornos associados a problemas internalizantes e externalizantes. São examinados vários tipos de déficits em habilidades sociais como os déficits de aquisição, de desempenho e de fluência, em que é discutida a importância relativa da família e dos pais, bem como da escola e dos companheiros. A escola seria o ambiente ideal para se fazer treinos de habilidades sociais, além das habilidades de competência acadêmica como a linguística e a numérica.

Os autores propõem um esquema de relações entre as sete classes de habilidades sociais avaliadas como sendo necessárias para as crianças: (1) habilidades de autocontrole e expressividade emocional; (2) habilidades empáticas; (3) habilidades de civilidade; (4) habilidades assertivas; (5) habilidades de fazer amizades; (6) habilidades sociais acadêmicas; e (7) habilidades de solução de problemas. Dizem os autores que: "Nossa proposta é a de considerar as sete classes de habilidades como interdependentes e complementares, entendendo que elas contemplam as principais demandas interpessoais da infância e adolescência. Defende-se que nenhuma delas deveria ser negligenciada nos programas de desenvolvimento interpessoal de caráter terapêutico ou educativo".

Apresentação 11

O programa de THS é objeto da segunda parte, onde são então sistematizadas questões como tamanho dos grupos, duração e frequência das sessões, avaliações pré e pós-tratamento com seus respectivos métodos, procedimentos de intervenção bem como planejamento da generalização, através das tarefas de casa.

Cada capítulo da terceira parte examina, de forma aprofundada, cada uma das habilidades, com propostas de vivências para isso. Essas vivências são uma das principais contribuições dos autores nesta obra. Vão desde aprender a se apresentar, passam por aprender a trabalhar em grupo, envolvem habilidades de comunicação não verbal, aprender as diferenças entre as pessoas, aprender a ter autoestima e estima de outros, compreender mais os sentimentos, fazer descrições das experiências internas, aprender a dizer sim e não em exercícios como a *Entrada no paraíso*, resolver problemas interpessoais etc.

Os autores deixam para a psicologia brasileira um legado que dificilmente será equiparado por outros estudiosos no Brasil.

Prof.-Dr. Bernard Rangé
Universidade Federal do Rio de Janeiro
Programa de Pós-Graduação em Psicologia
Instituto de Psicologia
Rio de Janeiro, 12 de julho de 2004.

Parte I

Visão geral e conceitos básicos

A relação social é um tema fascinante e às vezes desconcertante: por um lado, é próxima e familiar e, por outro, misteriosa e inexplicável. Parece que não há palavras para descrever os conceitos e manejá-los (Michael Argyle).

1

Importância das habilidades sociais na infância

Há que se cuidar do broto para que a vida nos dê flor e fruto (Milton Nascimento).

Vivemos hoje em uma sociedade que se modifica muito rapidamente. A cada dia nos deparamos com situações que exigem aprendizagem de novos conhecimentos para responder às necessidades da infância e adolescência. Pais e educadores frequentemente sentem-se confusos e se queixam das diferentes formas de os jovens se comportarem. Entretanto, também as crianças vivem situações complexas: são pressionadas por diversos tipos de grupos; percebem regras sociais contraditórias na escola e na família; convivem com diferentes valores; defrontam-se com uma realidade violenta exibida diariamente pelos meios de comunicação. De um lado, vivem sob constantes cobranças e, de outro, identificam uma permissividade que as deixa perplexas.

Para lidar com os desafios e demandas atuais, a criança precisa desenvolver um repertório cada vez mais elaborado de habilidades sociais. Essa área vem recebendo grande atenção de psicólogos, psiquiatras e educadores. A competência social é considerada um indicador bastante preciso do ajustamento psicossocial e de perspectivas positivas para o desenvolvimento, enquanto que um repertório social empobrecido pode constituir um sintoma ou correlato de problemas psicológicos.

A preocupação dos pais e dos profissionais de saúde e educação com a competência social da criança é, portanto, amplamente justificável e pode ser examinada tanto na perspectiva da promoção da qualidade de vida como da prevenção de problemas na infância e adolescência.

1. Qualidade de vida e efeitos positivos da competência social

O conceito de infância como "fase de preparação para a vida adulta" foi, há muito tempo, superado na Psicologia. Isso não invalida ignorar os desdobramentos futuros das condições que ocorrem, mas, simplesmente, reconhecer que, independente disso, o mundo adulto tem o compromisso de garantir que a criança seja protegida e feliz no momento presente.

A felicidade da criança é muitas vezes vista na perspectiva da ausência de problemas ou, simplesmente, sob uma concepção de bens materiais, conforto, diversão. Embora esses aspectos sejam importantes, não se pode ignorar que o seu bem-estar pode ser ampliado com a melhoria dos relacionamentos em diferentes contextos. Mesmo quando enfrenta os problemas inerentes às situações de vida, a criança pode se sentir mais feliz se usufruir interações prazerosas onde se sinta compreendida e amada.

Um repertório elaborado de habilidades sociais contribui decisivamente para relações harmoniosas com colegas e adultos na infância. Habilidades de comunicação, expressividade e desenvoltura nas interações sociais podem se reverter em amizade, respeito, *status* no grupo ou, genericamente, em convivência cotidiana mais agradável. Com efeito, muitos estudos mostram que a competência social na infância apresenta correlação positiva

1. Importância das habilidades sociais na infância 17

com vários indicadores de funcionamento adaptativo[1] como rendimento acadêmico, responsabilidade, independência e cooperação.

Quanto às expectativas futuras, é importante destacar que a competência social na infância vem sendo vista como um dos fatores de proteção para uma trajetória desenvolvimental satisfatória[2], porque aumenta a capacidade da criança para lidar com situações adversas e estressantes. Tal capacidade[3] se expressa em maior senso de humor, empatia, habilidades de comunicação, de resolução de problemas, autonomia e comportamentos direcionados a metas previamente estabelecidas.

A importância das habilidades sociais para a qualidade de vida das crianças e adolescentes é também mencionada em documentos-compromisso de agências de amparo à infância[4]. Esses documentos são orientados por um conceito abrangente de saúde enquanto "estado de completo bem-estar físico, mental e social". Além disso, a Organização Mundial de Saúde (OMS) propõe que os serviços de saúde incluam a promoção das chamadas "habilidades de vida"[5], da qual fazem parte habilidades sociais denominadas empatia, comunicação, "li-

---

1. O termo adaptativo está sendo utilizado no sentido de comportamentos que contribuem para a independência pessoal e a responsabilidade social, o que inclui, necessariamente, as habilidades sociais (Grossman, 1983).

2. Ver, entre outros: Strain, Guralnick e Walter (1986), Walker e Severson (2002).

3. Essa capacidade está associada, na Psicologia, tanto ao conceito de resiliência (Cecconello & Koller, 2000; Marturano, Linhares & Loureiro, 2004) como ao de enfrentamento (Folkman & Lazarus, 1985; Seidl, Tróccoli & Zannon, 2001).

4. Ministério da Saúde do Brasil (1999; 2002), Organização Mundial da Saúde (WHO, 1986) e Organização Pan-americana de Saúde (OPS, 1998).

5. Com base nessa proposta (WHO, 1997), ver Gorayeb, Cunha Neto e Bugliani (2003).

dar com" emoções e estresse, solução de problemas e tomada de decisão.

2. Déficits em habilidades sociais e problemas psicológicos

Não há, ainda, dados disponíveis no Brasil sobre a incidência das dificuldades interpessoais em nossas crianças. No entanto, elas estão comumente presentes nas queixas que os pais fazem sobre seus filhos, ao buscarem ajuda nos serviços de atendimento público e nas clínicas de Psicologia[6]. As evidências vindas de outros países são bastante preocupantes e não há razões para supor que nossa situação seja diferente. Como exemplo, um estudo realizado nos Estados Unidos[7] indicou que, de uma amostragem bastante ampla de crianças, 12% tinham apenas um amigo, 6% nenhum e 5 a 15% apresentavam graves problemas de relacionamento interpessoal. Adicionalmente, das crianças encaminhadas para serviços de aconselhamento, 14 a 30% apresentavam desempenho social deficitário e 15% das crianças abaixo de seis anos eram referidas com queixa de isolamento social.

> Os estudos sobre os efeitos negativos da baixa competência social mostram que ela pode constituir: (a) sintoma de transtornos psicológicos; (b) parte dos efeitos de vários transtornos; (c) sinais de alerta para eventuais problemas em ciclos posteriores do desenvolvimento.

---

6. Conforme Marturano, Linhares e Parreira (1993); Silvares (1993; 2000).

7. Esses dados podem se revelar mais dramáticos ainda na atualidade do que há cerca de oito anos quando Matson, Sevin e Box (1995) realizaram essa pesquisa.

1. Importância das habilidades sociais na infância 19

Os problemas comportamentais e emocionais, que acompanham os diferentes transtornos psicológicos e que podem se expressar como dificuldades interpessoais na infância, são classificados, na psicopatologia infantil, em dois grandes grupos: os externalizantes (que se expressam predominantemente em relação a outras pessoas) e os internalizantes (que se expressam predominantemente em relação ao próprio indivíduo)[8]:

- Os problemas externalizantes são mais frequentes em transtornos que envolvem agressividade física e/ou verbal, comportamentos opositores ou desafiantes, condutas antissociais como mentir e roubar e comportamentos de risco como uso de substâncias psicoativas.

- Os problemas internalizantes são mais prontamente identificáveis em transtornos como depressão, isolamento social, ansiedade e fobia social.

As dificuldades interpessoais que caracterizam esses dois grupos de problemas decorrem basicamente de um repertório pobre de habilidades sociais, principalmente em termos de empatia, expressão de sentimentos e resolução de problemas, com correlatos cognitivos e emocionais como baixa autoestima, crenças e atribuições disfuncionais, impulsividade e temperamento difícil, entre outros.

As dificuldades interpessoais características dos problemas internalizantes e externalizantes podem ter consequências desfavoráveis para o desenvolvimento saudável, embora se verifique uma maior preocupação de pais e educadores com as crianças que apresentam problemas externalizantes. Essas crianças são mais frequen-

---

8. As expressões "problemas internalizantes" e "problemas externalizantes", adotadas ao longo desta obra, constituem uma tradução aproximada de *internalizing* e *externalizing behavioral problems* e referem-se tão somente à forma predominante como os problemas de comportamento se expressam, sem qualquer suposição quanto a seus fatores. Esta classificação vem sendo cada vez mais aceita a partir do trabalho de Achenbach e Edelbrock (1978). Ver também: Hinshaw (1992); Kazdin e Weisz (2003).

20 Parte I – Visão geral e conceitos básicos

temente encaminhadas para atendimento, possivelmente porque: (a) são mais difíceis de serem ignoradas pelas pessoas; (b) apresentam maior "resistência" a programas de intervenção (principalmente após os 12 anos de idade); e (c) suas dificuldades interpessoais podem sinalizar problemas futuros mais sérios[9].

2.1. Transtornos associados a problemas internalizantes

Os problemas internalizantes estão associados a vários transtornos psicológicos como os de ansiedade, queixas somáticas, fobia social e depressão[10], todos com implicações sobre o isolamento social e o autoconceito.

A ansiedade pode ser caracterizada como uma resposta interna que envolve sentimentos subjetivos de desconforto e medo, por respostas abertas de esquiva/fuga de situações sociais, incluindo reações fisiológicas de sudorese e excitação geral. Ainda não são bem estabelecidos os limites entre a ansiedade normal e a patológica. De maneira geral, pode-se pensar que alguma ansiedade facilita enquanto que uma ansiedade excessiva inibe desempenhos adaptativos. A primeira pode ser considerada normal e a segunda patológica[11]. Essa divisão simplificada é uma indicação útil para a observação dos desempenhos das pessoas em geral e da criança em particular.

Crianças com distúrbios de ansiedade se mostram excessivamente preocupadas com seus afazeres, com seu estado de saúde e com o tempo disponível para realizar suas tarefas. Além disso, tais preocupações são acompanhadas de irritabilidade, tensão muscular, crítica excessiva e dificuldade de concentração. Uma outra característica ocorre nos relacionamentos, observando-se maior frequência de brigas e diminuição de encontros sociais.

---

9. Ver: Gresham (1991; 2000; 2002); Hinshaw (1992); Loeber (1991); Walker e Severson (2002); Walker, Colvin e Ramsey (1995).

10. Merrell (1999).

11. Cruz, Zangrossi e Graeff (1995).

1. Importância das habilidades sociais na infância   21

Os sintomas depressivos na infância são reconhecidos hoje como mais comuns e estáveis do que se imaginava. Eles estão relacionados a dificuldade em várias áreas do funcionamento adaptativo, à perda de interesse e prazer pelas atividades usuais, à autorrecriminação e à desesperança[12]. As queixas somáticas de dor de cabeça, de estômago, cansaço, náusea e insônia são correlatos comuns desse quadro[13].

Quando associado à ansiedade e à depressão, o isolamento social geralmente reflete um desempenho pobre em habilidades sociais, principalmente de conversação e expressividade não verbal de sentimentos. Esses déficits podem colocar a criança em situações embaraçosas. Com frequência, ela se sente desconfortável e insegura nos contatos sociais, particularmente em situações que precisa falar de si, expressar afeição ou desagrado, defender os próprios direitos, aceitar ou refutar críticas. A mera possibilidade de exposição social pode provocar reações fisiológicas imediatas que atrapalham ainda mais um desempenho social bem-sucedido. Além disso, verificam-se estilos desadaptativos de resolução de problemas interpessoais, dificuldade na regulação do afeto e negociação de conflito, baixo autoconceito e pouca ou nenhuma popularidade.

2.2. Transtornos associados a problemas externalizantes

Alguns transtornos psicológicos são mais prontamente reconhecidos pelos sintomas externalizantes, conquanto possam incluir, também, sintomas internalizantes. Entre tais transtornos, podem ser citados os de comportamento antissocial, agressivo ou opositor e os hipercinéticos (hiperatividade e desatenção)[14].

---

12. Conforme CID-10 (OMS, 1993).

13. Merrell (1999).

14. As denominações utilizadas estão baseadas na CID-10 (OMS, 1993).

Os transtornos de comportamento expressos por agressividade, indisciplina e outros comportamentos antissociais podem estar associados tanto a déficits em componentes da competência social (baixo autocontrole, falta de empatia, percepção equivocada dos fatos e normas sociais), como a uma pseudocompetência (condutas desafiantes, comportamento opositor, estilo coercitivo ou dissimulado) voltada para objetivos interpessoais imediatos. Fala-se em pseudocompetência porque, embora tais comportamentos sejam formas de enfrentamento que podem produzir conseqüências imediatas favoráveis ao indivíduo, eles não atendem os critérios de competência social (definidos no próximo capítulo), revelando comprometimento em aspectos cognitivos e afetivos do funcionamento psicossocial.

A agressividade na infância está também relacionada a um padrão sociocognitivo que inclui: falha em identificar e/ou interpretar os sinais relevantes do ambiente, tendência a atribuir intenções hostis ao interlocutor, dificuldade de gerar soluções efetivas diante das demandas sociais, busca de objetivos inapropriados de relacionamentos, déficits de desempenhos sociais e avaliação egocêntrica sobre as reações dos demais[15]. Essas características expressam tanto problemas internalizantes como externalizantes.

A hiperatividade caracteriza-se por inquietação e impulsividade excessivas, especialmente em situações nas quais a maioria das crianças apresenta algum autocontrole. Na reelaboração das definições anteriores, o *Manual diagnóstico e estatístico de transtornos mentais* (DSM-IV) considera a hiperatividade como parte de um quadro que inclui a desatenção e a impulsividade, sendo então denominado de "transtorno de atenção e hiperatividade" (TDAH). Responder excessivamente rápido, algumas vezes sem aguardar a conclusão de instruções e ignorar a possibilidade de conseqüências aversivas são característi-

---

15. Frey, Hirschstein e Guzzo (2000).

1. Importância das habilidades sociais na infância

ticas presentes nesse transtorno, que denotam dificuldade de autocontrole emocional. A prevalência desse quadro por mais de seis meses é critério para o diagnóstico diferencial[16] (habilidades sociais relevantes: análise e intervenção).

São muitas as consequências da desatenção e da hiperatividade nos relacionamentos. A desatenção e o pouco envolvimento prejudicam a qualidade das relações da criança com os adultos e com os demais colegas de seu ambiente[17]. As crianças com transtornos hipercinéticos (excessiva agitação e dificuldade de permanecerem sentadas e quietas) são geralmente pouco populares e podem ser explicitamente rejeitadas e isoladas por colegas, aumentando a probabilidade de se engajarem em comportamentos anti-sociais e de se envolverem com grupos de risco, por exemplo, as gangues de delinquentes no início da adolescência.

> Comportamentos antissociais decorrem de uma multiplicidade de fatores que interagem e potencializam efeitos negativos a curto, médio e longo prazos, caracterizando uma trajetória de risco. Em curto prazo, podem gerar rejeição dos colegas e dos adultos, baixo rendimento acadêmico ou indisciplina. A médio e longo prazos[18], tais comportamentos podem aumentar a probabilidade de fracasso escolar, evasão, delinquência, drogadição, alcoolismo, participação em gangues, criminalidade e, finalmente, dependência das instituições sociais de assistência e maiores taxas de morte e doença.

---

16. Ver: Vasconcelos (2002); Gresham, Lane e Lambros (2002).

17. Queiroz & Guilhardi (2002). Ver, também, Goldstein e Goldstein (1992).

18. Recomenda-se a leitura de: O'Shaughnessy, Lane, Gresham e Beebe-Frankenberger (2002); Walker, Colvin e Ramsey (1995).

24　　　　　　　　　Parte I – Visão geral e conceitos básicos

Algumas condições familiares e sociais identificáveis na infância, como pobreza, abuso, negligência, drogadição e alcoolismo dos pais, estão entre os principais fatores de risco para comportamentos antissociais[19]. Além disso, a alta frequência de acessos de raiva e problemas de adaptação às normas escolares, revelando déficit de autocontrole e de habilidade para lidar com sentimentos, devem ser considerados como sinais de alerta para prováveis comportamentos antissociais em etapas posteriores[20].

2.3. Transtornos associados a problemas internalizantes e externalizantes

Alguns transtornos psicológicos se expressam tanto por problemas internalizantes como externalizantes, observando-se, em alguns casos, uma proporção equivalente dos dois tipos ou a predominância de um deles. Pode-se destacar, aqui, as dificuldades ou distúrbios de aprendizagem, as deficiências sensoriais ou mentais, alguns transtornos invasivos do desenvolvimento e os transtornos decorrentes do uso e dependência de substâncias psicoativas.

A associação entre habilidades sociais e dificuldades ou distúrbios de aprendizagem tem sido objeto de muitos estudos, parte deles questionando a natureza e a direção dessa relação: se os déficits de habilidades sociais "causam" problemas de aprendizagem, se ocorre o inverso ou se ambos coexistem, porém determinados por outros fatores[21]. As pesquisas (detalhadas no capítulo XII) mostram que a maioria das crianças com problemas de aprendizagem é negativamente avaliada em sua compe-

---

19. Walker e Severson (2002). Entre os trabalhos nacionais, recomenda-se Gomide (2003); Marinho (2003).

20. Patterson e Yoerger (2002).

21. Ver, entre outros: Forness e Kavale (1991); Gresham (1992); Swanson e Malone (1992).

1. Importância das habilidades sociais na infância 25

tência social por colegas, professores e até mesmo por pais. As queixas dos professores sugerem que elas são mais agressivas, imaturas, menos orientadas para a tarefa, mais passivas e dependentes, menos consideradas pelos colegas em suas opiniões, com mais problemas de comportamento e que, mesmo em situações não escolares, apresentam dificuldade de conversação, de juntar-se a um grupo de atividade, de desenvolver e manter amizade, de compartilhar brincadeiras e interagir com colegas, sendo geralmente referidas como inquietas, briguentas, inibidas e sem iniciativa. Na avaliação dos pais, essas crianças apresentam impulsividade, baixo autocontrole, ansiedade, dispersão e déficits em habilidades verbais.

Pode-se, portanto, identificar os dois padrões gerais de problemas de comportamento: de um lado, crianças que apresentam problemas internalizantes como baixa autoestima, timidez e retraimento; de outro, crianças que exteriorizam por meio da agressividade e outros comportamentos antissociais. As primeiras se situam, geralmente, entre as mais negligenciadas pelos colegas e as segundas, entre as mais rejeitadas[22], nos dois casos com efeitos negativos sobre o funcionamento psicológico.

Ainda que não usualmente classificados como problemas internalizantes ou externalizantes, os quadros de deficiência sensorial e mental também se caracterizam por dificuldades interpessoais correlatas[23]. As limitações próprias desses indivíduos podem comprometer tanto o acesso e processamento cognitivo da estimulação social do ambiente como o desempenho de respostas socialmente competentes.

---

22. Dodge (1993).
23. No caso de deficiência mental, ver, por exemplo: Aguiar (2002); Angélico (2004). Sobre deficiência visual, ver: Freitas, Martins, Magnani, Donadoni, Rodrigues e Perez (1999); Lopes (2004).

> As deficiências cognitivas, afetivas, percepti-
> vas e motoras incidem sobre a capacidade de
> identificar as demandas do contexto social bem
> como sobre o planejamento e/ou emissão dos
> desempenhos esperados sob tais demandas, re-
> duzindo, portanto, o nível de proficiência des-
> ses desempenhos.

No caso da deficiência mental, os dois critérios para um diagnóstico funcional, estabelecidos pela Associação Americana de Deficiência Mental[24], são o rebaixamento intelectual e déficits em pelo menos três de dez "condutas adaptativas", referidas como: comunicação, cuidados pessoais, vida familiar, habilidades sociais, desempenho na comunidade, independência na locomoção, saúde, segurança, habilidades acadêmicas funcionais, lazer e trabalho. Essa listagem contempla, em um mesmo sistema, categorias indicativas de comportamento (habilidades sociais, cuidados pessoais, comunicação), de condições (saúde, segurança) e de contextos de funcionamento do indivíduo (lazer e trabalho). A categoria "habilidades sociais" é citada na lista, porém é fácil reconhecer o caráter também interativo das demais, o que implica em demandas sociais e, portanto, habilidades sociais para atender a essas demandas[25].

Os estudos sobre competência social de pessoas com retardo mental indicam dificuldade na estruturação de frases, déficits em componentes comunicativos não verbais e baixa competência na habilidade de reformular a própria fala[26]. Em pesquisa recente com deficientes mentais adultos, foram constatados déficits em diversas áreas,

---

24. AAMR (1992).

25. Ver: Aguiar (2002); Kleijn e Del Prette (2002); Robertson, Richardson e Youngson (1984).

26. Por exemplo: Brady, McLean, McLean e Johnston (1995); Fujiki e Brinton (1993); Merril e Jackson (1992).

1. Importância das habilidades sociais na infância   27

particularmente nas habilidades assertivas de lidar com críticas, recusar e discordar, observando-se que tais déficits estavam relacionados a dificuldade na emissão de componentes expressivos, verbais e não verbais[27].

Em relação às deficiências sensoriais, há uma crescente quantidade de estudos destacando a importância de habilidades sociais que, embora não solucionem o problema orgânico, podem amenizar imensamente seus efeitos psicológicos, especialmente na comunicação com pessoas não deficientes, melhorando a condição de vida e de socialização dessa clientela[28]. Problemas de fala comprometem essencialmente a produção e modulação dos componentes linguísticos da competência social, enquanto que as deficiências auditivas dificultam, adicionalmente, a identificação desses componentes no desempenho das demais pessoas[29]. Problemas motores podem dificultar a emissão e a regulação dos componentes comportamentais próprios do desempenho socialmente competente. Deficiências visuais restringem o acesso a modelos e à aprendizagem por observação[30], podendo interferir tanto na discriminação dos sinais sociais mais sutis da expressão facial e corporal do interlocutor como na adequação do próprio comportamento (verbal e não verbal) às demandas não verbais do ambiente. Essas dificuldades parecem estar na base das avaliações negativas do desempenho social de crianças e adolescentes com deficiência visual[31].

---

27. Aguiar (2002); Kleijn e Del Prette (2002).

28. Ver: Del Prette e Del Prette (1999); Freitas e Del Prette (2003); Lopes (2004).

29. Dias, Mantelatto, Del Prette, Pedroso, Gonçalves e Magalhães (1999).

30. Van Hasselt, Kazdin, Simon e Mastantuono (1985).

31. Ver: Anzano e Rubio (1995); Caballo e Verdugo (1995); Davidson e Mackay (1980); Freitas, Martins, Magnani, Donadoni, Rodrigues e Perez (1999); Hallahan e Kauffman (2000); MacCuspie (1992); Markovitz e Strayer (1982).

28 Parte I – Visão geral e conceitos básicos

Os transtornos invasivos do desenvolvimento, como o autismo, síndrome de Rett e de Asperger são, por definição, caracterizados por "anormalidades qualitativas nas interações sociais recíprocas e em padrões de comunicação [e] por um repertório de interesses e atividades restrito, estereotipado e repetitivo"[32], que afetam a qualidade das relações interpessoais. No caso específico do autismo, atualmente dispõe-se de instrumentos e procedimentos para avaliação, bem como de programas de intervenção para o ensino de habilidades e redução desses comportamentos desadaptativos[33].

O uso de substâncias psicoativas também tem sido relacionado a déficits em habilidades sociais, particularmente em habilidades de enfrentamento e de resolução de problemas. Em muitos casos, o consumo inicial de drogas constitui uma forma de fuga ou esquiva de situações aversivas e, concomitantemente, de busca de reconhecimento por meio da participação em uma rede de relações sociais ligada ao seu uso e comercialização. Posteriormente, esse envolvimento é mantido por outras condições, como a dependência química e a participação em atividades que garantam disponibilidade de consumo.

3. Prevenindo problemas na infância

A plasticidade do comportamento social na infância justifica a necessidade de investimento na promoção de saúde e bem-estar, por meio de estratégias educativas e terapêuticas. Mesmo reconhecendo-se a multideterminação dos transtornos psicológicos e a importância do investimento dos órgãos públicos em mudanças estruturais mais amplas que reduzam os fatores de risco, defende-se, também, o investimento concomitante em programas de Treinamento de Habilidades Sociais, sob duas

---

32. Ver: CID-10 (OMS, 1993); DSM-IV (APA, 1995).
33. Aiello (2002).

1. Importância das habilidades sociais na infância 29

vertentes. A primeira, como alternativa de prevenção, por meio da ação integrada entre escola e família. A segunda, associada a intervenções clínicas visando a superação de dificuldades interpessoais e dos problemas a elas associados. Nesse caso, cabe destacar que o Treinamento de Habilidades Sociais é considerado o componente principal ou um complemento indispensável no atendimento clínico[34] a uma ampla diversidade de transtornos psicológicos.

Ao contrário dos projetos mais abrangentes, o investimento na qualidade dos relacionamentos interpessoais da criança (e nos pré-requisitos para isso) está, teoricamente, sob o controle mais direto da família e das instituições responsáveis pela educação e desenvolvimento, como a escola, as creches e as agências de assistência, por exemplo, o Juizado de Menores. Esse tipo de investimento é importante porque as dificuldades interpessoais na infância são mais prováveis de serem superadas se atendidas precocemente[35]. Os problemas de comportamento que persistem na adolescência são mais resistentes às intervenções, requerendo programas individualizados e maior esforço para a obtenção de resultados satisfatórios[36].

Há, ainda, uma racionalidade econômica para a prevenção. Os custos financeiros diretos e indiretos crescem em decorrência de atendimentos diferenciados ao jovem e à família. Certamente, os gastos atuais com o controle e assistência institucional aos transtornos psicológicos, aqui referidos, seriam bem menores e compensariam, financeiramente, com ampla margem, os investimentos na promoção do desenvolvimento interpessoal da criança, cujo êxito depende de uma ação integrada entre família, escola e Estado.

---

34. MacKay (1988).
35. Loeber (1991).
36. Gresham (1991).

2

Base conceitual da área das habilidades sociais

Há três modos gerais para conduzir as relações interpessoais. O primeiro é considerar somente a si mesmo, desconsiderando os outros... O segundo é sempre colocar os outros antes de você... O terceiro é a regra de ouro... considerar a si mesmo e também os outros (Joseph Wolpe).

As pessoas menos familiarizadas com a área das habilidades sociais tendem a representá-la em um sentido normativo de "boa educação" ou de cumprimento dos ritos próprios da convivência social, associando-a exclusivamente a termos como traquejo social, etiqueta, civilidade e fineza. O uso coloquial de termos como "socialmente habilidoso", "jeitoso" ou "sociável" induz, eventualmente, a uma compreensão parcial e equivocada dessa área que se constitui, um campo de conhecimento e aplicação. Atualmente existe um bom número de estudos que trazem informações sobre esse tema permitindo ao leitor dispor, nesses trabalhos[37], de análise detalhada da área do Treinamento das Habilidades Sociais. Segue-se, então, uma apresentação resumida de seus conceitos básicos, di-

---

37. Del Prette e Del Prette (1996a; 1999; 2001); Ríos, Del Prette e Del Prette (2003).

2. Base conceitual da área das habilidades sociais 31

recionados para as características e questões próprias da infância.

1. Conceitos básicos

Alguns conceitos são essenciais para a compreensão do campo teórico-prático do Treinamento de Habilidades Sociais e para a avaliação e promoção da competência social, seja em contexto clínico, escolar, familiar ou comunitário. Os principais conceitos são os de desempenho social, habilidades sociais e competência social.

Conforme se destacou em outro trabalho[38], desempenho social refere-se a qualquer tipo de comportamento emitido na relação com outras pessoas. Ele inclui tanto os desempenhos que favorecem como os que interferem na qualidade dos relacionamentos. Nesse sentido, os desempenhos sociais que se caracterizam como habilidades sociais precisam ser inferidos e definidos.

> O termo habilidades sociais, geralmente utilizado no plural, aplica-se às diferentes classes de comportamentos sociais do repertório de um indivíduo, que contribuem para a competência social, favorecendo um relacionamento saudável e produtivo com as demais pessoas.

O desempenho competente das habilidades sociais tem alta probabilidade de obter consequências reforçadoras[39] imediatas no ambiente social. As características específicas, de um desempenho social que o tornam indicativo de uma habilidade social, dependem de fatores

---

38. Del Prette e Del Prette (2001).

39. Consequências reforçadoras são aquelas que modelam, mantêm ou fortalecem o desempenho. Elas ocorrem quando um desempenho *produz* estimulação desejável para a pessoa (reforço positivo) e quando *evita ou afasta* uma estimulação indesejável (reforço negativo).

da situação, da pessoa e da cultura. Esses fatores podem influenciar tanto a topografia (forma) como a funcionalidade (efetividade) do desempenho social e, ainda, a decisão pelo enfrentamento ou pela fuga/esquiva da situação interpessoal.

Os fatores da situação incluem o contexto físico onde as pessoas se comportam (sala de aula, lanchonete, cinema etc.), o evento antecedente e consequente para determinados comportamentos sociais e as regras explícitas e implícitas que sinalizam os comportamentos aí valorizados, aceitos ou proibidos. Por exemplo, algumas crianças aprendem que determinados comportamentos são tolerados quando os pais estão recebendo visitas, mas são punidos quando eles estão sozinhos em casa.

Os fatores pessoais incluem objetivos, sentimentos, avaliação sobre o próprio repertório comportamental e a relação com o outro, bem como sobre as prováveis demandas da situação. Um exemplo é o efeito da autoestima sobre o desempenho social diante de demandas de falar de si mesmo. Uma baixa autoestima pode induzir à evitação de contato visual, gestos pouco enfáticos, problemas de articulação e de fluência da voz. Esse padrão, na maioria das vezes, é pouco funcional diante dessa demanda, com alta probabilidade de consequências aversivas que, em ocasiões futuras semelhantes, podem levar à esquiva ou fuga de tais situações. Ao contrário, uma auto-estima elevada contribui para um padrão oposto de desempenho que gera consequências reforçadoras, fortalecendo ainda mais a autoestima[40].

A cultura, com suas normas e valores, influencia os relacionamentos quando define os padrões de comportamento valorizados ou reprovados para os diferentes tipos de situações, contextos e interlocutores. Os valores são utilizados como consequências reforçadoras ou punitivas para certos comportamentos, enquanto que as nor-

---

40. Bacete e Betoret (2000).

2. Base conceitual da área das habilidades sociais   33

mas ou regras sinalizam os comportamentos esperados em determinadas situações. A criança precisa aprender os desempenhos socialmente esperados e valorizados para o seu sexo e idade, em diferentes contextos, dependendo dos papéis que assume e que vão progressivamente se tornando mais diferenciados (filho, irmão, aluno, colega etc.).

Esse processo de aprendizagem dos valores e normas pode ser menos ou mais consciente ou explícito. O comportamento de seguir normas adquire um valor reforçador na história de vida da criança, mesmo quando ela não consegue identificá-las ou verbalizá-las claramente. Como ilustração, observa-se o caso de crianças pertencentes a certos grupos religiosos que valorizam a passividade. Quando a criança se comporta passivamente, ela pode se sentir gratificada pela maneira como agiu, independente da ocorrência imediata de consequência social.

Em resumo, além de aprender um conjunto de habilidades sociais para atender às demandas das diferentes situações sociais, a criança precisa articular fatores pessoais, da situação e da cultura para apresentar um desempenho socialmente competente. Essa articulação implica coerência entre sentimentos, pensamentos e ações e está na base do conceito de competência social.

> A competência social é a capacidade de articular pensamentos, sentimentos e ações em função de objetivos pessoais e de demandas da situação e da cultura, gerando consequências positivas para o indivíduo e para a sua relação com as demais pessoas.

Enquanto o termo habilidades sociais tem um sentido descritivo de identificar os componentes comportamentais, cognitivo-afetivos e fisiológicos que contribuem para um desempenho socialmente competente, o termo competência social apresenta um sentido avaliativo que se define pela coerência e funcionalidade do desempenho social. A análise da funcionalidade se baseia nos efeitos do desempenho, com maior ênfase sobre três tipos gerais e complementares de resultados[41]:

- Alcançar os objetivos imediatos;
- Manter ou melhorar a qualidade dos relacionamentos;
- Manter ou melhorar a autoestima.

Atingir os objetivos de uma interação social não deve ser tomado como o único critério, uma vez que comportamentos manipulativos ou coercitivos (por exemplo, implorar, chorar, fazer birra ou agredir) têm alta probabilidade de produzir consequências imediatas favoráveis. No entanto, obter o que se deseja, utilizando esses meios, pode comprometer, a médio e/ou longo prazo, a qualidade da relação (redução das trocas afetivas, interações marcadas por irritação ou ansiedade) e influir negativamente sobre a autoestima (constrangimento ou vergonha). Embora nem todos esses aspectos sejam prontamente percebidos, colegas e adultos discriminam as crianças "sinceras" (que apresentam coerência entre pensar, sentir e agir) daquelas que conseguem o que querem por meio de manipulações, geralmente reprovadas no ambiente social.

No caso de crianças e adolescentes, outros indicadores de comportamentos adaptativos são tomados como correlatos da competência social, dentre os quais se destacam[42]:

- O *status* social da criança entre seus colegas;
- O julgamento positivo por outros significantes;
- Outros comportamentos adaptativos.

---

41. Del Prette e Del Prette (2001).
42. Gresham e Elliot (1990).

2. Base conceitual da área das habilidades sociais   35

O *status* social vem recebendo atenção crescente em função dos estudos apontarem correlações entre as características interpessoais da criança e sua aceitação ou rejeição pelos colegas. O julgamento do comportamento social por pais, professores e colegas é considerado como um importante indicador da funcionalidade dos desempenhos sociais da criança e faz parte de um processo multimodal de avaliação da competência social. Os comportamentos adaptativos podem incluir: o rendimento acadêmico, as estratégias de enfrentamento diante de situações de estresse ou frustração, o autocuidado (higiene, saúde e segurança), a independência para realizar tarefas (na escola, no lar e em grupos de amigos) e a cooperação. Entre tais comportamentos adaptativos, muitos estudos vêm mostrando os vários processos pelos quais o rendimento acadêmico se associa à competência social[43]. Em uma relação circular, as dificuldades escolares constituem, portanto, um dos efeitos e um agravante da baixa competência social: os problemas internalizantes e externalizantes, que revelam baixa competência social, podem dificultar o rendimento escolar, com mediação de processos cognitivos e afetivos[44]; por outro lado, o baixo rendimento pode levar a tais problemas, com suas implicações emocionais.

2. Comunicação verbal e não verbal

Ao longo da evolução humana, a comunicação não verbal (gestualidade, expressão facial, movimento e postura) precedeu a linguagem vocal (sons, palavras e frases). Essa sequência também é identificada no processo de desenvolvimento das habilidades comunicativas da criança. Entretanto, a aquisição da linguagem falada não

---

43. Ver Capítulo 12.
44. Por exemplo: Marturano, Linhares e Loureiro (2004); Marturano e Loureiro (2003).

dispensou a comunicação não verbal, mesmo porque ela é essencial na interação face a face.

Embora a comunicação verbal se refira a qualquer forma de linguagem estruturada, o que inclui a escrita e a de sinais, o termo está sendo utilizado aqui no sentido mais comum dos conteúdos da fala. Por outro lado, o termo comunicação não verbal está sendo aplicado à forma da fala, aos gestos e às expressões corporais e faciais que acompanham, complementam ou alteram o significado da fala.

Tanto pela limitação de vocabulário, quando comparadas com os adultos, como pela espontaneidade das reações, as crianças parecem utilizar a comunicação não verbal com maior frequência e variabilidade. Lembramos que, além do choro e alguns resmungos, a criança com poucos meses de vida depende totalmente da linguagem não verbal para manter contato com o meio em que vive. É assim que ela "relata", primeiramente, suas sensações de prazer (sorriso) e desconforto (caretas), aperfeiçoando, pouco a pouco, esta e outras formas de comunicação.

Os cuidadores primários da criança (geralmente a mãe) estão bem preparados para interpretar corretamente esses sinais, mais do que qualquer outra pessoa que eventualmente cuida do bebê, inclusive o médico. Isso porque, enquanto esses cuidadores eventuais dependem da observação episódica, comparando-a a padrões gerais, a mãe e os demais cuidadores primários se capacitam na observação cotidiana das sutilezas e idiossincrasias que seus bebês apresentam.

A comunicação verbal refere-se aos conteúdos explicitamente transmitidos pela fala. A aquisição e o desenvolvimento da fala, bem como o uso cada vez mais acurado que a criança faz das palavras, quando interage com outras pessoas, contribuem significativamente para a ampliação do seu repertório de habilidades sociais e para um desempenho social cada vez mais competente. Esse domínio crescente da comunicação verbal soma-se ao de-

2. Base conceitual da área das habilidades sociais 37

senvolvimento cognitivo/afetivo que garante novas condições para uma compreensão mais ampla e precisa do seu ambiente social.

A comunicação verbal e a não verbal são os componentes básicos do desempenho social. A capacidade de utilizá-los de forma coerente e complementar é ingrediente fundamental para um desempenho socialmente competente.

> A criança aprende, desde cedo, que a escolha e o uso correto de determinadas palavras, em vez de outras, tem um efeito decisivo na interpretação que os demais fazem sobre o que quer comunicar. Por outro lado, aprende a inferir intenções e emoções com base no conteúdo verbal e não verbal das mensagens que recebe.

2.1. O comportamento não verbal

A comunicação das emoções ocorre muito mais por meio da expressão não verbal do que da verbal. Existem sentimentos difíceis de serem traduzidos em palavras e, frequentemente, quando é feita qualquer tentativa nesse sentido, os termos são insuficientes e não comunicam, mesmo aproximadamente, o que se pretende. Os dois aspectos paralinguísticos considerados mais importantes na análise da competência social são:

- A alternância entre falar e ouvir;

- A regulação da forma da fala.

A alternância entre falar e ouvir refere-se à troca, entre os interlocutores, da condição de falante à de ouvinte. Essa troca é efetuada, na maioria das vezes, com base em uma indicação sutil dos participantes da interação (pausas maiores, expressões faciais, movimentos de mão já convencionados na cultura etc.) ou, mesmo, de forma explícita, com o apoio de verbalizações como: *Agora é a mi-*

nha vez de falar! Se a criança não identifica ou não produz os sinais não verbais para essa alternância, pode apresentar dificuldade na interação com colegas e mesmo com adultos, especialmente nas etapas iniciais de conversação e estabelecimento de amizades.

A regulação da forma compreende o uso proposital da velocidade, volume, extensão e modulação da fala de acordo com o contexto, o interlocutor e o tipo de demanda interpessoal. A criança efetua essa regulação quando, por exemplo, fala rapidamente se precisa interromper a interação ou teme que o outro não lhe dê o tempo de que necessita; fala baixo diante do diretor da escola; grita para expressar raiva ou se impor junto a colegas; produz modulação em certas palavras para comunicar sentimentos como os de amor, ternura, desprezo, enfado.

Quanto à expressividade corporal e facial, é possível arrolar um conjunto de componentes, tais como:

- Olhar e contato visual;
- Sorriso;
- Gestualidade;
- Movimentos de cabeça;
- Postura.

A regulação desses componentes é um ingrediente crítico na percepção de competência social. Nesse caso, valem as regras de adequar-se à subcultura local e/ou ajustar-se ao ponto médio, uma vez que os extremos são usualmente avaliados negativamente. Por exemplo, o gesticular em excesso e a ausência de gesticulação são tidos como inefetivos quando comparados com uma gesticulação bem dosada. Um outro exemplo é o da habilidade de recusar pedido que, ao ser exercitada com pouco contato visual, pode encorajar o interlocutor a novas investidas, dificultando a manutenção da recusa. Um mesmo conteúdo verbal pode ser interpretado de forma completamente diferente dependendo desses componentes expressivos.

2. Base conceitual da área das habilidades sociais

> Um padrão adequado de comportamento não verbal é aquele que segue as normas da cultura podendo, no entanto, apresentar alguma variabilidade de acordo com as mudanças que ocorrem nas situações.

3. Três estilos de desempenho social

Para facilitar a identificação das características que definem os desempenhos socialmente competentes, um esquema bastante útil é o de situar as reações habilidosas no centro de um contínuo em que, de um lado, encontram-se as reações não habilidosas passivas e, de outro, as reações não habilidosas ativas[45]. As reações que aparecem nesses dois extremos correspondem, em linhas gerais, aos problemas internalizantes e externalizantes, antes referidos. Essas reações são definidas como se segue:

- *Reações não habilidosas passivas.* São os comportamentos apresentados pela pessoa para lidar com as demandas interativas do seu ambiente que comprometem sua competência social por se expressarem predominantemente na forma encoberta de incômodo, mágoa, ressentimento, ansiedade e/ou por meio de esquiva ou fuga das demandas interpessoais ao invés do enfrentamento[46].

- *Reações habilidosas.* São os comportamentos apresentados pela pessoa para lidar com as demandas interativas do seu ambiente que contribuem para a competência social por sua coerência entre compo-

---

45. Esse esquema foi apresentado no *Manual do sistema multimídia de habilidades sociais para crianças* (Del Prette & Del Prette, 2005), em analogia às reações assertivas que se contrapõem, de um lado às passivas e, de outro, às agressivas (Del Prette & Del Prette, 2001; 2003b).

46. A noção de enfrentamento aberto é aqui importante uma vez que há também modos "passivos" e adequados de enfrentamento. Um exemplo é a reação de "não levar a sério" uma brincadeira de mau gosto. Ver: Seidl, Tróccoli e Zannon (2001).

nentes abertos e encobertos, adequação às demandas e consequências obtidas.

● *Reações não habilidosas ativas.* São os comportamentos apresentados pela pessoa para lidar com as demandas interativas do seu ambiente que comprometem sua competência social por se expressarem predominantemente na forma aberta de agressividade física ou verbal, negativismo, ironia, autoritarismo e coerção.

Quando uma criança apresenta os desempenhos predominantes de uma dessas três classes em várias situações e contextos, pode-se falar em um "estilo". A noção de estilo refere-se à predominância de desempenhos sociais classificados como não habilidosos passivos, habilidosos ou não habilidosos ativos. O fato de uma criança apresentar um estilo não significa que em todas as situações se comportará de acordo com ele, muito menos que não possa mudá-lo. Esse caráter situacional mostra que o desempenho social não é uma decorrência da "personalidade", no sentido de características pessoais estáveis. Ele depende das condições do ambiente e das experiências formais e informais de aprendizagem que nele ocorrem.

A identificação dos estilos e dos contextos em que a criança apresenta reações habilidosas ou características de um estilo não habilidoso contribui para mapear seus déficits e recursos interpessoais. A informação sobre os tipos de déficits e recursos da criança é fundamental para estabelecer objetivos de intervenção socialmente relevantes e gradualmente mais complexos. Considerando-se o caráter situacional das habilidades sociais, essa identificação viabiliza o planejamento da generalização dos comportamentos, recém-aprendidos, para uma diversidade de novos contextos e interlocutores, ampliando as oportunidades de aperfeiçoamento do repertório social da criança.

3

Habilidades sociais relevantes na infância

A criança e o adolescente têm direito à liberdade, ao respeito e à dignidade como pessoa humana em processo de desenvolvimento e como sujeito de direito civil humano e social garantido na Constituição e na Lei (Estatuto da Criança e do Adolescente cap. II, art. 15).

Nas últimas décadas, têm havido muitas tentativas de identificar e arrolar o conjunto das habilidades que podem ser consideradas como essenciais para um desempenho socialmente competente da criança em sua relação com colegas e adultos. Neste capítulo, considerando-se inicialmente os principais estudos que, recentemente, investigaram o desenvolvimento interpessoal na infância, são identificadas as classes de habilidades sociais consideradas indispensáveis para o funcionamento adaptativo da criança. Levando-se em conta tais estudos e outros conduzidos em nosso meio, propõe-se um sistema de sete classes de habilidades sociais, examinando-se suas subclasses componentes, a especificidade de cada classe e a complementaridade entre elas. Defende-se que essas classes deveriam ser contempladas, de forma integrada, como objetivos educacionais e terapêuticos na promoção da competência social de nossas crianças.

1. A diversidade de propostas de habilidades sociais para a infância

A tentativa de arrolar as habilidades relevantes para a competência social da criança remete ao final dos anos 70. Nessa época, um pesquisador[47] já havia identificado 136 classes de habilidades sociais necessárias à criança, agrupando-as em quatro conjuntos: (a) relação consigo própria; (b) relação com o ambiente; (c) relação com tarefas; (d) relação com outras pessoas.

Cerca de dez anos mais tarde, outros pesquisadores[48] fizeram novos agrupamentos de habilidades que as crianças deveriam adquirir, selecionando 60 que foram organizadas nas cinco classes referidas a seguir, exemplificadas com algumas das respectivas subclasses:

- *Sobrevivência em sala de aula* (ouvir, pedir ajuda, agradecer, terminar tarefas, seguir instruções, contribuir nas discussões, perguntar);

- *Fazer amizade* (apresentar-se, iniciar e terminar conversação, juntar-se a um grupo, pedir favor, oferecer ajuda, cumprimentar e aceitar cumprimentos);

- *Lidar com sentimentos* (reconhecer e expressar os próprios sentimentos, expressar compreensão dos sentimentos dos colegas, expressar interesse pelos demais, lidar com a própria raiva e a raiva dos interlocutores, lidar com o medo);

- *Alternativas à agressão* (manifestar autocontrole, pedir permissão, lidar com críticas, aceitar consequências, negociar);

- *Lidar com estresse* (enfrentar os aborrecimentos, fazer e responder a queixas, mostrar "espírito esportivo", lidar com vergonha e fracassos, dizer e aceitar o "não").

---

47. Stephens (1992).
48. McGinnis, Goldstein, Sprafkin e Gershaw (1984).

3. Habilidades sociais relevantes na infância

Essas classificações foram feitas com base em muitos estudos observacionais, principalmente no contexto escolar. Com o advento e aperfeiçoamento de instrumentos de avaliação, as classes passaram a refletir habilidades sociais altamente correlacionadas entre si, identificadas em pesquisas com amostragens amplas. A nomeação dessas classes reflete hipóteses sobre os fatores que poderiam explicar/justificar tais agrupamentos, mas, também, características situacionais das habilidades componentes (por exemplo, quando agrupadas conforme o tipo de sentimento que está sendo expresso ou o tipo de demanda a que se referem). De todo modo, os achados de múltiplos fatores e subescalas, reunindo grupos de habilidades, vieram confirmar a multidimensionalidade dos conceitos de habilidades sociais e competência social, indicando a necessidade de avaliações que contemplassem essas diferentes dimensões.

Como exemplo de uma proposta de classes de habilidades sociais a partir de estudos empíricos com amostras amplas pode-se citar o uso do *Sistema de Avaliação de Habilidades Sociais*[49], que resultou nas cinco classes, a seguir apresentadas:

- *Cooperação* (ajudar outros, compartilhar materiais, seguir regras e instruções);

- *Asserção* (pedir informações, apresentar-se, reagir a ações injustas de outros, convidar para atividade);

- *Responsabilidade* (pedir ajuda a adultos, solicitar permissão para utilizar objetos de colegas, identificar a pessoa certa para informar sobre incidente);

- *Empatia* (mostrar interesse e respeito aos sentimentos e pontos de vista de outros);

- *Autocontrole* (responder apropriadamente a críticas ou brincadeiras, lidar com situações de conflito ou pressão).

---

49. *Social Skills Rating System* (Gresham & Elliott, 1990).

Parte I – Visão geral e conceitos básicos

No final da década de 90, verificando a diversidade de habilidades sociais referidas nos diferentes estudos, dois pesquisadores americanos[50] realizaram uma análise de 21 pesquisas envolvendo 22.000 crianças e classificaram as habilidades mais comumente avaliadas em cinco classes, descrevendo-as e exemplificando-as como se segue:

* *Relação com companheiros* (habilidades que demonstram positividade com colegas, tais como: cumprimentar, elogiar, oferecer ajuda ou assistência, convidar para jogo ou interação);

* *Autocontrole* (habilidades que demonstram ajustamento emocional tais como: controlar humor, seguir regras, respeitar limites, negociar, lidar com críticas, tolerar frustrações);

* *Sociais acadêmicas* (habilidades para trabalhar de forma independente e produtiva na sala de aula, orientando-se para a tarefa e para seguir instruções);

* *Ajustamento* (habilidades cooperativas, tais como: seguir regras e comportar-se de acordo com o esperado, usar apropriadamente o tempo livre, compartilhar coisas e atender pedidos);

* *Asserção* (habilidades expressivas, tais como: iniciar conversação, aceitar elogios, fazer convites).

No Brasil, são poucas as pesquisas de identificação[51] e promoção[52] de habilidades sociais das crianças. Em um estudo focalizando a dificuldade de emissão de 21 habilidades típicas do contexto escolar, mas não exclusivas deste, foram identificados[53] quatro classes de habilidades, e respectivas subclasses, a seguir apresentadas:

---

50. Caldarella e Merrell (1997).

51. Cabe citar, aqui, as pesquisas de: Feitosa (2003); Garcia (2001); Gomes da Silva (2000); Kleijn e Del Prette (2000); Martini (2003).

52. Cabe citar: Baraldi e Silvares (2003); Lohr (2003); Melo (2004), Molina e Del Prette (2002); Paula e Del Prette (1998); Pinheiro, Haase e Del Prette (2002).

53. Del Prette e Del Prette (2002b).

3. Habilidades sociais relevantes na infância

- *Empatia e civilidade* (habilidades de expressão de sentimentos positivos de solidariedade e companheirismo ou de polidez social, por exemplo: fazer e agradecer elogio, oferecer ajuda e pedir desculpas);

- *Assertividade de enfrentamento* (habilidades de afirmação e defesa de direitos e de autoestima, com risco potencial de reação indesejável por parte do interlocutor, por exemplo: solicitar mudança de comportamento, defender-se de acusações injustas e resistir à pressão do grupo);

- *Autocontrole* (habilidades de controle emocional diante de frustração ou de reação negativa ou indesejável de colegas, por exemplo: recusar pedido de colega, demonstrar espírito esportivo e aceitar gozações);

- *Participação* (habilidades de envolver-se e comprometer-se com o contexto social mesmo quando as demandas do ambiente não lhes são especificamente dirigidas, por exemplo: responder à pergunta da professora, mediar conflitos entre colegas e juntar-se a um grupo em brincadeiras).

A análise das pesquisas mostra que o repertório de habilidades sociais a ser desenvolvido pela criança é bastante variado e inclui muitas classes e subclasses de habilidades. A quantidade de habilidades sociais propostas depende, não apenas da abrangência de cada estudo, mas, principalmente, do sistema de classificação utilizado. Quando se utilizam categorias mais amplas, tem-se um menor número de classes com uma maior quantidade de subclasses componentes. De todo modo, verifica-se uma tendência em priorizar determinadas classes de habilidades[54] nessas propostas, mesmo que com denominações diferenciadas.

---

54. Ver: Barr e Parrett (2001); Ramey e Ramey (1999).

2. Principais habilidades sociais

Examinando-se as classes de habilidades sociais e as subclasses que as compõem, verifica-se dificuldade de se obter um sistema único e consensual, que mantenha a uniformidade de critérios e a elegância da mútua exclusão entre elas. Conquanto se disponha, em nosso meio, de algumas pesquisas e propostas de classificação das habilidades sociais de adultos[55], a análise do repertório social na infância é, ainda, bastante escassa.

Tendo como referência as classes de habilidades sociais examinadas neste capítulo e considerando, principalmente, os problemas interpessoais mais comumente encontrados entre nossas crianças, juntamente com as demandas interpessoais verificadas em vários contextos, propõe-se um sistema de sete classes de habilidades sociais, entendidas como prioritárias no desenvolvimento interpessoal da criança, conforme apresentadas na Tabela 1.

Tabela 1. Classes e subclasses de habilidades propostas como relevantes na infância

Classes	Principais subclasses
Autocontrole e expressividade emocional	Reconhecer e nomear as emoções próprias e dos outros, controlar a ansiedade, falar sobre emoções e sentimentos, acalmar-se, lidar com os próprios sentimentos, controlar o humor, tolerar frustrações, mostrar espírito esportivo, expressar as emoções positivas e negativas.
Civilidade	Cumprimentar pessoas, despedir-se, usar locuções como: *por favor, obrigado, desculpe, com licença,* aguardar a vez para falar, fazer e aceitar elogios, seguir regras ou instruções, fazer perguntas, responder perguntas, chamar o outro pelo nome.

---

55. Ver revisão de Del Prette e Del Prette (2001).

3. Habilidades sociais relevantes na infância

Empatia	Observar, prestar atenção, ouvir e demonstrar interesse pelo outro, reconhecer/inferir sentimentos do interlocutor, compreender a situação (assumir perspectiva), demonstrar respeito às diferenças, expressar compreensão pelo sentimento ou experiência do outro, oferecer ajuda, compartilhar.
Assertividade	Expressar sentimentos negativos (raiva e desagrado), falar sobre as próprias qualidades ou defeitos, concordar ou discordar de opiniões, fazer e recusar pedidos, lidar com críticas e gozações, pedir mudança de comportamento, negociar interesses conflitantes, defender os próprios direitos, resistir à pressão de colegas.
Fazer amizades	Fazer perguntas pessoais; responder perguntas, oferecendo informação livre (autorrevelação); aproveitar as informações livres oferecidas pelo interlocutor; sugerir atividade; cumprimentar, apresentar-se; elogiar, aceitar elogios; oferecer ajuda, cooperar; iniciar e manter conversação ("enturmar-se"); identificar e usar jargões apropriados.
Solução de problemas interpessoais	Acalmar-se diante de uma situação-problema; pensar antes de tomar decisões, reconhecer e nomear diferentes tipos de problemas; identificar e avaliar possíveis alternativas de solução; escolher, implementar e avaliar uma alternativa; avaliar o processo de tomada de decisão.
Habilidades sociais acadêmicas	Seguir regras ou instruções orais, observar, prestar atenção, ignorar interrupções dos colegas, imitar comportamentos socialmente competentes, aguardar a vez para falar, fazer e responder perguntas, oferecer, solicitar e agradecer ajuda, buscar aprovação por desempenho realizado, elogiar e agradecer elogios, reconhecer a qualidade do desempenho do outro, atender pedidos, cooperar e participar de discussões.

Essas classes de habilidades sociais comportam alguma sobreposição em seus componentes bem como relações complementares entre si. Isso ocorre por se tratarem de agrupamentos com alguma especificidade em relação a demandas e reações pontuais, mas que, inseridos em um desempenho mais complexo, dependem, também, de habilidades que fazem parte dos demais. Verifica-se, por exemplo, que a competência social no desempenho de habilidades empáticas requer habilidades de autocontrole, expressividade emocional e civilidade; que a empatia é um importante componente das habilidades de fazer amizades e que, ao mesmo tempo, o desempenho assertivo parece ser mais efetivo quando articulado a habilidades empáticas e de civilidade; que a competência na solução de problemas necessita de habilidades de autocontrole emocional e das demais classes.

Dentre essas classes, constata-se grande empenho dos pais no ensino das habilidades de empatia, civilidade, autocontrole, fazer amizades e sociais acadêmicas. Aparentemente, os pais investem menos no ensino das habilidades de solução de problemas e assertivas. As habilidades empáticas, de civilidade, assertivas e de fazer amizades compõem o núcleo da maioria dos programas preventivos de Treinamento de Habilidades Sociais para crianças, enquanto que as habilidades de expressividade emocional, autocontrole e de solução de problemas interpessoais são geralmente objeto de programas independentes, principalmente quando abordadas sob uma perspectiva predominantemente afetiva e cognitiva, respectivamente.

> Nossa proposta é a de considerar as sete classes de habilidades como interdependentes e complementares, entendendo que elas contemplam as principais demandas interpessoais da infân-

3. Habilidades sociais relevantes na infância

> cia e adolescência. Defende-se que nenhuma delas deveria ser negligenciada nos programas de desenvolvimento interpessoal de caráter terapêutico ou educativo.

Cada uma das sete classes de habilidades sociais, aqui referidas, é analisada, separadamente, nos capítulos da Terceira Parte, com proposta de atividades estruturadas (vivências) para sua promoção nos contextos clínico e educacional.

4

A aprendizagem de habilidades sociais na infância

As condições da vida não estão nem no organismo nem no meio exterior, mas simultaneamente nos dois (Claude Bernard).

A socialização é uma das mais importantes tarefas do desenvolvimento inicial da criança. Ela se caracteriza pela ampliação e refinamento do repertório de comportamentos sociais e, simultaneamente, pela compreensão gradual dos valores e normas que regulam o funcionamento da vida em sociedade. A análise desse desenvolvimento deve levar em consideração os diferentes processos de aprendizagem dos comportamentos sociais valorizados no ambiente (familiar, escolar e de lazer), a identificação dos tipos de déficits e a importância desses contextos para a aquisição de habilidades sociais.

1. Processos de aprendizagem

A aprendizagem de habilidades sociais se dá continuamente durante toda a vida, permitindo que dificuldades ocasionais ou déficits possam ser superados. Embora haja evidências de que os fatores constitucionais inatos (temperamento, capacidade sensorial etc.)[56] influenciam

---

56. Temperamento é visto como uma disposição inata baseada em mecanismos neurais e/ou hormonais (Buck, 1991). Quanto à influência do ambiente sobre o temperamento, ver Kagan (1994).

4. A aprendizagem de habilidades sociais na infância 51

as interações iniciais da criança com as demais pessoas de seu ambiente, é inquestionável o papel das experiências de aprendizagem, planejadas ou não, na determinação do estilo interpessoal que a criança irá desenvolver e as possibilidades de alterá-lo.

> A aprendizagem de comportamentos sociais e de normas de convivência inicia-se na infância, primeiramente com a família e depois em outros ambientes como vizinhança, creche, pré-escola e escola. Essa aprendizagem depende das condições que a criança encontra nesses ambientes, o que influi sobre a qualidade de suas relações interpessoais subsequentes.

As condições ambientais caracterizam diversos processos de aprendizagem, principalmente os de observação ou modelação[57], instrução e consequenciação (punição e recompensa). As consequências que os desempenhos habilidosos e não habilidosos produzem no ambiente são cruciais para a manutenção ou mudança de padrões comportamentais e para a discriminação dos sinais sociais para a emissão ou não emissão das habilidades aprendidas. Entre tais consequências, pode-se destacar o *feedback*[58], entendido como descrição verbal, pelas pessoas do ambiente, sobre o desempenho da criança. Teoricamente, quando positivo, o *feedback* mantém a qualidade

---

57. A aprendizagem por observação, também chamada de modelação, remete aos estudos experimentais de Bandura (1986). Uma análise mais detalhada sobre a importância da modelação e desse referencial teórico para a compreensão dos processos de aprendizagem de habilidades sociais pode ser encontrada em Ríos, Del Prette e Del Prette (2002).

58. O termo *feedback* é um anglicismo bastante utilizado na Psicologia e está sendo adotado, aqui, com o sentido de descrição de um desempenho, feita geralmente por outros, imediatamente após a sua ocorrência, com o objetivo de mantê-lo (*feedback* positivo) ou corrigi-lo (*feedback* corretivo).

dos desempenhos que o produziram (efeito reforçador); quando corretivo, altera esses desempenhos.

Nenhuma criança nasce com tendência para pregar peça ou agir dissimuladamente. Geralmente, antes das grandes mentiras, agressões violentas e desprezo aberto às normas, ocorreram as mentirinhas, as agressões aparentemente inofensivas e a transgressão de regras grupais que livram a criança de consequências aversivas ou produzem ganhos imediatos. Crianças podem cometer erros sem maiores consequências e pais ou professores não devem ser excessivamente rigorosos, mas precisam ficar atentos aos seus possíveis desdobramentos e também aos processos educacionais que ocorrem na família e na escola. A falha em estabelecer limites, a relação conflitiva com os filhos, os modelos (exemplos) inadequados, o uso indiscriminado da punição, os filmes e videogames em que a violência é bem-sucedida, são algumas das condições que contribuem para o estabelecimento de estilos não habilidosos dos quais pais e professores tanto se queixam.

Quando as condições ambientais são restritivas ou inadequadas à aprendizagem e/ou ao desempenho de comportamentos socialmente competentes, podem ocorrer diferentes tipos de déficits de habilidades sociais (definidos a seguir). Se, adicionalmente, ocorrem condições favoráveis ao desempenho de comportamentos indesejáveis (antissociais, opositivos, delituosos), o desenvolvimento da competência social torna-se ainda mais comprometido e esses déficits são acentuados.

2. Tipos de déficit em habilidades sociais e fatores associados

Mesmo na ausência de transtornos específicos associados a dificuldades de relacionamento, as crianças não desenvolvem igualmente suas diferentes habilidades sociais, nem as desempenham com igual proficiência em todas as situações. Identificar as dificuldades específicas do

4. A aprendizagem de habilidades sociais na infância · 53

repertório social da criança e fatores a elas relacionados é condição básica para o planejamento de intervenções educativas ou clínicas.

A análise das dificuldades interpessoais, com base na frequência, proficiência e importância das habilidades sociais, permite inferir três tipos de déficits[59] que sugerem fatores relacionados e apontam para procedimentos específicos de intervenção. Esses tipos de déficits podem ser definidos como:

- *Déficit de Aquisição.* É uma desvantagem inferida com base em indicadores de não ocorrência da habilidade diante das demandas do ambiente.

- *Déficit de Desempenho.* É uma desvantagem inferida com base em indicadores de ocorrência da habilidade com frequência inferior à esperada diante das demandas do ambiente.

- *Déficit de Fluência.* É uma desvantagem inferida com base em indicadores de ocorrência da habilidade com proficiência inferior à esperada diante das demandas do ambiente.

A investigação dos fatores pessoais e ambientais associados a cada um dos tipos de déficit e dos que são comuns a mais de um tipo deve, preferencialmente, focalizar aqueles mais diretamente acessíveis à intervenção clínica ou educativa. Dentre tais fatores, destacam-se[60]:

Falta de conhecimento. Independentemente das condições de aprendizagem, a falha em emitir a habilidade esperada pode ser decorrente da pouca familiaridade da criança com o ambiente e, portanto, de seu desconhecimento das normas e padrões socialmente aceitáveis ou valorizados nesse contexto. Esse desconhecimento pode dificultar: (a) a identificação dos objetivos relevantes para

---

59. Conforme Gresham (2002).

60. Alguns dos fatores relacionados podem ser encontrados em Elliott e Gresham (1993).

54 Parte I – Visão geral e conceitos básicos

uma interação (por exemplo, desconhecendo o sentido de diversão e camaradagem que os colegas atribuem a um jogo, a criança o vê somente como oportunidade de vencer); (b) a seleção de estratégias apropriadas para alcançar os objetivos de uma interação (por exemplo, manter o comportamento de tomar à força um brinquedo quando o grupo já estabeleceu a regra de solicitar); (c) o ajuste do comportamento às mudanças do contexto (por exemplo, fazer brincadeiras de mau gosto com um colega que acaba de receber uma notícia desagradável).

Restrição de oportunidades e modelos. Algumas crianças vivem, por longo período de tempo, restritas ao ambiente familiar, com pouca oportunidade de aprendizagem social no contato com outras crianças e adultos. É o caso das que adoecem muito ou daquelas cujos pais não permitem frequentar, seja qual for o motivo, a casa de parentes, colegas ou espaços públicos de diversão. Adicionalmente, se o contexto familiar é carente de modelos adequados de habilidades como as de autocontrole, civilidade e empatia, reduzem-se ainda mais as possibilidades de aprendizagem da criança.

Falhas de reforçamento. Alguns ambientes, ainda que não punitivos, são pouco sensíveis às aquisições e/ou desempenhos sociais da criança. Sabe-se que um razoável número de crianças apresenta baixa frequência de habilidades sociais em alguns ambientes porque estes provêm pouca ou nenhuma reação reforçadora. Se vários ambientes falham em reforçar determinadas habilidades sociais da criança, estas tendem a ocorrer cada vez mais esporadicamente ou a desaparecer por completo. Em alguns casos, além de não receberem reforçamento, algumas crianças são punidas quando demonstram determinadas habilidades sociais.

Ausência de feedback. A criança pode ser reforçada, em vários de seus comportamentos, de maneira natural (conseguindo o que pretende) ou arbitrária (recebendo elo-

4. A aprendizagem de habilidades sociais na infância 55

gios, gratificações etc.), porém, o ambiente não provê o *feedback* necessário ao aperfeiçoamento dessas habilidades. A descrição, inerente ao conceito de *feedback*, é fundamental para isso. Um exemplo de *feedback* ocorre quando a mãe dirige-se ao filho, imediatamente após seu comportamento, descrevendo-o em termos tais como: *Paulinho, eu percebi que você conversou bastante com sua prima, perguntou sobre a saúde do tio e a convidou para vir brincar aqui em casa. Eu vi que ela ficou muito feliz com o jeito que você a tratou.*

Excesso de ansiedade interpessoal. A ansiedade é uma categoria descritiva dos sentimentos de apreensão e desconforto diante de uma ou mais situações sociais e pode levar tanto a reações adaptativas como não adaptativas. Enquanto fator de reação adaptativa, alguma ansiedade instiga tentativas de resolução e superação desses sentimentos, com intensa busca de informação, de redução da incerteza, de controle da situação e de seleção de reações eficazes no próprio repertório. Por outro lado, as reações mais intensas de ansiedade se caracterizam por uma desorganização comportamental e autonômica (aceleração dos batimentos cardíacos, sudorese, cefaleia e dificuldade na respiração) que compromete o desempenho socialmente competente ou pode mesmo inibi-lo. Não é pequeno o número de crianças que apresenta dificuldades interpessoais devido à ansiedade, não obstante "saibam" como devem se comportar e possuam, em seu repertório, as habilidades necessárias para responder às demandas do ambiente. A ansiedade excessiva em situações sociais pode decorrer de exigências perfeccionistas dos pais ou da própria criança e de experiências aversivas em determinadas situações.

Dificuldades de discriminação e processamento. O desempenho socialmente competente depende da identificação das demandas do ambiente social e do uso dessa informação na elaboração e monitoria do próprio comportamento. Esse processo envolve atenção e percepção seletiva dos sinais verbais e não verbais que caracterizam as

56 Parte I – Visão geral e conceitos básicos

demandas ("leitura do ambiente"[61]), bem como de busca e escolha do melhor desempenho[62], de regulação do momento em que este deve ocorrer (*timing*[63]) e, mesmo, se deve ou não ocorrer[64]. As dificuldades de discriminação e de processamento podem estar associadas a padrões perfeccionistas de desempenho, autoavaliações distorcidas, baixa autoestima, expectativas, crenças e autorregras disfuncionais. Um exemplo é o da criança que, em uma festa surpresa, preparada pelos colegas, ao invés de corresponder a essas manifestações, passa a falar de atividades escolares ou de assuntos pouco interessantes para a situação. Também pode-se exemplificar com o caso da criança que deixa de perguntar sobre um assunto no momento em que está sendo abordado e faz a pergunta quando do interesse geral está focalizado em outro tema.

Problemas de comportamentos. Os déficits de desempenho podem ocorrer quando outros comportamentos interferem [com] ou até impedem a emissão das habilidades sociais pertinentes à situação. Em geral, isso ocorre quando o ambiente premia ou modela os comportamentos inadequados (internalizantes ou externalizantes), ignorando os adequados ou adotando medidas pouco efetivas para promovê-los. Crianças que obtêm o que querem com reações agressivas podem perder oportunidades preciosas para aprender a agir de forma socialmente mais competente; crianças muito isoladas ou depressivas reduzem ainda mais suas chances de aprender e aperfeiçoar novas habilidades sociais; as que são atendidas quando falam muito alto ou sem interrupção apresentam dificuldade em realizar uma boa "leitura do ambiente",

---

61. Del Prette e Del Prette (1999).

62. McFall (1982).

63. O termo *timing* refere-se à "regulação do momento e da velocidade da resposta para obter o melhor desempenho em relação a uma dada demanda". Na língua portuguesa, não há um termo equivalente, justificando-se, portanto, o uso desse anglicismo.

64. Del Prette e Del Prette (1996a).

em aprender a ouvir e prestar atenção aos demais e ao próprio comportamento. Esses processos criam um círculo vicioso difícil de romper sem intervenções educativas ou terapêuticas.

Alguns dos fatores pessoais e ambientais, aqui referidos, encontram-se associados aos três tipos de déficits (de aquisição, de desempenho e de fluência) e outros somente a um ou dois deles, conforme se mostra no esquema a seguir.

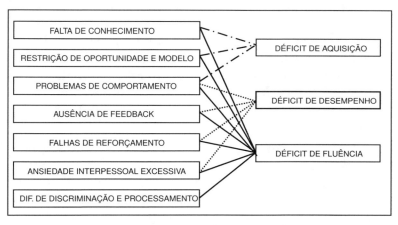

Figura 1. Fatores pessoais e ambientais relacionados aos déficits de habilidades sociais da criança.

Como se pode inferir do esquema, os fatores associados aos déficits de aquisição impedem a emissão da habilidade e, portanto, a sua aprendizagem; os fatores associados aos déficits de desempenho interferem na frequência de uma habilidade já aprendida, inibindo sua emissão; e os fatores associados aos déficits de fluência reduzem a proficiência com que a habilidade é emitida, interferindo na forma do desempenho e no seu ajuste e funcionalidade diante das demandas do ambiente.

3. A aprendizagem de habilidades sociais na família

A vida familiar se estrutura em uma espécie de economia de relações interpessoais com demandas interativas variadas, que constituem ocasiões para o exercício e desenvolvimento da competência social. O contexto familiar é considerado, em uma perspectiva ecológica do desenvolvimento humano[65], como um microssistema de interações face a face, estáveis e significativas, caracterizadas pela afetividade e alteração gradual nas relações de poder. A família desenvolve um sistema de valores e normas que pune os desvios e recompensa o ajustamento da criança aos seus padrões. Adicionalmente, os pais são, inicialmente, modelos para muitos comportamentos sociais dos filhos enquanto que os irmãos podem, também, assumir diferentes papéis (amigo, opositor, conselheiro, cúmplice), possibilitando à criança experimentar relações e comportamentos diferenciados.

O contexto familiar constitui, portanto, a base da estimulação inicial dos padrões de relacionamento e competência social. Mesmo os estudiosos de características interpessoais inatas relacionadas à "sociabilidade" (por exemplo, introversão e extroversão), reconhecem o efeito das influências ambientais sobre tais características. Em estudos sobre timidez e retraimento[66], com avaliações iniciais baseadas em indicadores de reatividade social, os resultados foram sugestivos de que cerca de metade das crianças que apresentavam, ao nascer, características de baixa responsividade social (introversão), modificaram-se para o perfil oposto (extroversão) cerca de quatro anos depois, com o contrário ocorrendo com pelo menos 10% das demais crianças.

A aprendizagem de qualquer habilidade social ocorre em situações onde é importante discriminar: (a) a ocasião

---

65. Bronfenbrenner (1989).
66. Kagan (1994).

4. A aprendizagem de habilidades sociais na infância 59

para apresentar ou omitir determinado desempenho (quando e onde ocorre); (b) a forma (como falar); (c) o conteúdo (o que falar). Os pais podem auxiliar nessa aprendizagem, especialmente quanto aos itens (b) e (c), por meio de instruções e recomendações, mas têm maiores dificuldades quanto ao item (a). A suposição de que a aprendizagem da discriminação é meramente intuitiva carece de fundamento. Essa discriminação resulta de um longo processo de aprendizagem por meio de consequências diretamente experimentadas ou indiretamente verificadas no desempenho de outros (aprendizagem vicariante).

> Os pais utilizam, geralmente, três alternativas para promover o repertório socialmente competente dos filhos: (a) estabelecimento de regras por meio de orientações, instruções e exortações; (b) manejo de consequências, por meio de recompensas e punições; (c) oferecimento de modelos.

Em nossa experiência direta com pais, pudemos constatar que, em geral, com crianças menores, os pais mesclam esses procedimentos (consequenciação, modelação e instrução); posteriormente, passam a recorrer mais às estratégias instrucionais, usualmente do tipo exortativo. Nos primeiros anos de vida, a criança imita constantemente seus pais, copiando inclusive o padrão emocional deles[67]. Quando os pais não possuem um repertório adequado de habilidades sociais, a convivência familiar pode ser fonte de infelicidade para todos os seus integrantes, gerando problemas de adaptação social nas crianças[68]. Pais muito ansiosos ou irritadiços podem "transmitir essa forma de se comportar" por meio do processo de

---

67. Ríos, Del Prette e Del Prette (2002).

68. Ver: Bolsoni-Silva, Del Prette e Oishi (2003); Bolsoni-Silva e Marturano (2002).

60 Parte I – Visão geral e conceitos básicos

modelação. Pais contraditórios entre o falar e agir dificultam a discriminação, pela criança, da importância das regras sociais, especialmente das que são apresentadas sob a forma de instruções verbais. Além disso, fornecem modelo de transgressão dessas regras, no que podem ser imitados pelos filhos.

Existem períodos que são considerados críticos para o desenvolvimento da criança, porque algumas influências produzem maior impacto nessa época[69]. Não é difícil, para os pais, mesmo os que não têm muitas informações, localizar alguns desses períodos, como o do desmame, da aquisição da fala e do andar, do começo das brincadeiras com outras crianças, da entrada na escola e, posteriormente, das mudanças corporais do início da adolescência[70]. Quando bem conduzidos esses ciclos vitais trazem uma influência bastante positiva para o desenvolvimento da criança em todas as áreas e, especificamente, sobre as relações interpessoais. Se marcadas por ansiedade e falta de apoio, podem ter efeitos bastante negativos[71].

O papel dos pais na aprendizagem interpessoal da criança depende, portanto, da forma como eles planejam e conduzem a educação dos filhos. Entre as práticas educativas parentais consideradas positivas, incluem-se[72] a monitoria positiva (supervisão dos pais sobre o que a criança faz ou deixa de fazer) e o comportamento moral (ensino de valores); do lado oposto, encontram-se as práticas negativas de abuso físico ou psicológico, controle aversivo e negligência.

---

69. Ver trabalhos de Rutter (1989); Sroufe e Rutter (1984).

70. Marturano e Loureiro (2003).

71. Esse é o caso das crianças em situação de rua. Ver: Campos, Del Prette e Del Prette (2000); Hutz e Koller (1997).

72. Gomide (2003).

4. A aprendizagem de habilidades sociais na infância

> Quando o relacionamento dos pais com os filhos é sustentado por regras claras, com informações sobre as contingências em vigor para os comportamentos sociais e a criança percebe o monitoramento a que está sujeita, há maior probabilidade do desenvolvimento de relações saudáveis não apenas no âmbito familiar, mas, igualmente, em outros contextos.

O monitoramento positivo, ou "liberdade vigiada", consiste de um conjunto de comportamentos dos pais que lhes permite saber onde a criança se encontra, o que faz e com quem está, possibilitando-lhes intervir, em caso de necessidade. A exigência de maior ou menor intensidade de monitoria depende das situações sociais (pessoas com quem a criança interage e as atividades sociais de que participa) e das aquisições comportamentais prévias da criança em outros ambientes. Crianças não disciplinadas e com pouco ou nenhum monitoramento podem perceber a prática de comportamentos antissociais (agressão, por exemplo) como recurso aceitável para atingir seus objetivos[73].

A punição vem sendo objeto de investigação há várias décadas. Não são poucos os pais que confundem punição com estabelecimento de limites. Pesquisadores de diferentes tendências teóricas, sem exceção, enfatizam os aspectos negativos do uso de procedimentos punitivos. Alguns estudos mostram efeitos colaterais bastante permanentes da punição na infância, incluindo-se uma espécie de transmissão da violência de uma geração para outra[74]. Por exemplo, o acompanhamento de indivíduos dos oito até os trinta anos de idade permitiu a dois pesquisadores[75] constatarem que crianças severamente punidas

---

73. Dodge, Petit e Bates (1994).

74. Widom (1989).

75. Huesmann e Eron (1984).

utilizavam a agressão como alternativa à expressividade emocional saudável e que meninas punidas tendiam a se comportar, posteriormente, de modo abusivo com seus filhos e maridos.

4. A aprendizagem de habilidades sociais na escola

Quando a criança passa a frequentar outros microssistemas além do familiar, ampliam-se a quantidade e a diversidade de interlocutores, assim como as oportunidades para aplicar e aperfeiçoar seu repertório social, o que influi decisivamente na sua aquisição e desempenho das habilidades sociais. Essa passagem para outros contextos sociais nem sempre é tranquila e pode necessitar de algum monitoramento por parte dos pais, ainda que à distância.

Com a entrada na escola, a criança passa a transitar entre dois microssistemas – família e escola – que, por sua articulação e interdependência, constituem um sistema mais amplo[76], com normas e expectativas comuns e outras próprias a cada um deles. A escola constitui um espaço essencialmente interativo e reconhecidamente relevante para o desenvolvimento interpessoal da criança, com alguns autores chegando mesmo a considerá-lo como um dos mais importantes resultados da escolarização inicial[77].

> As demandas estabelecidas pela escolarização podem ser agrupadas nas duas principais tarefas de ajustamento, inerentes a esse contexto[78]: estabelecer relações de companheirismo com colegas e atender às expectativas acadêmicas.

---

76. De acordo com a teoria ecológica, a transição da criança entre os microssistemas família e escola configura um sistema mais amplo ou mesossistema que influi decisivamente sobre o seu desenvolvimento psicológico.

77. Elliott e Gresham (1993, p. 287).

78. Severson e Walker (2002).

4. A aprendizagem de habilidades sociais na infância   **63**

Considerando-se a relação com colegas, ao entrar na escola abre-se, para a criança, uma maior variabilidade de modelos e demandas para a aquisição de novas habilidades sociais. O desempenho social e a qualidade dos relacionamentos na escola têm, como base, os recursos comportamentais previamente adquiridos pela criança no contexto familiar. Esses recursos geram impressões nos colegas e podem determinar o *status* sociométrico da criança, ampliando ou reduzindo, em um círculo vicioso, suas oportunidades posteriores de desenvolvimento de suas habilidades sociais (sobre *status* sociométrico, ver capítulo 4).

Além das condições "incidentais" de promoção de habilidades sociais, a escola pode assumir um papel mais ativo nessa aprendizagem por meio de programas de Treinamento de Habilidades Sociais, planejados de forma articulada ou paralela aos objetivos acadêmicos[79]. Esses programas podem ser conduzidos por psicólogos ou pelo professor em sala de aula. Em ambos os casos, o sucesso da intervenção depende, em grande parte, da integração de esforços entre todos os profissionais que lidam com as crianças, inclusive com a participação dos pais ou cuidadores.

> O investimento da escola na promoção de habilidades sociais pode ser defendido com base em pelo menos três argumentos: (a) a função social da escola; (b) as evidências de relação entre habilidades sociais e desempenho acadêmico; (c) as políticas de inclusão.

---

79. Ver: Arándiga e Tortosa (1996); Begun (1994); Campbell e Siperstein (1993); Elias e Tobias (1996); Elias e Weissberg (1990); Fad (1989); Gresham (1995); Hundert (1995); McGinnis, Goldstein, Sprafkin e Gershaw (1984); Maag (1989); Stephens (1992); Walker, Colvin e Ramsey (1995). No Brasil ver: Del Prette e Del Prette (1997; 2003; 2003c); Del Prette, Del Prette, Garcia, Silva e Puntel (1998); Lohr (2003); Mello (2004); Molina (2003).

64 Parte I – Visão geral e conceitos básicos

A função social da escola, reconhecida nos documentos oficiais que definem os planos e políticas educacionais para o Ensino Fundamental[80], é geralmente colocada em termos de preparar futuros cidadãos, críticos e construtores da realidade social. Essa meta implica em interações pautadas pela ética, pelo respeito a normas e pelo desempenho de habilidades interpessoais necessárias à reivindicação e defesa de direitos e ao relacionamento saudável e produtivo em diferentes contextos[81].

Os estudos empíricos, demonstrando correlações significativas entre a competência social da criança e seu rendimento acadêmico, juntamente com as evidências de efeitos benéficos da promoção da competência social sobre o desempenho acadêmico, têm levado à caracterização de um conjunto de "habilidades sociais acadêmicas" (ver capítulo 13), vistas como pré ou correquisitos do sucesso escolar, justificando um maior investimento da escola no desenvolvimento interpessoal das crianças.

Com relação às atuais políticas de inclusão, entende-se que o desenvolvimento interpessoal (particularmente nas habilidades de resolução de problemas, empatia, autocontrole e comportamentos pró-sociais) é componente indispensável desse processo[82]. Essa posição é compatível com a adotada por vários pesquisadores[83] que defendem, como objetivos principais da inclusão: (a) a melhoria da qualidade do relacionamento entre os colegas; (b) a promoção de atitudes de compreensão e aceitação das diferenças por parte de colegas e professores. As crianças com retardo mental, deficiências sensoriais e fí-

---

80. O leitor pode acessar os padrões curriculares vigentes para todos os níveis educacionais em www.mec.gov.br/sesu/diretriz.htm. Uma análise das implicações desses padrões sobre a atuação do psicólogo na Educação pode ser encontrada em Del Prette (1999) e em Del Prette e Del Prette (1996b; 1999).

81. Del Prette e Del Prette (1996b).

82. Del Prette e Del Prette (1998).

83. Fuchs e Fuchs (1994).

4. A aprendizagem de habilidades sociais na infância 65

sicas ou transtornos invasivos do desenvolvimento apresentam comprometimentos cognitivos, afetivos, perceptivos ou motores que dificultam a aquisição "natural" dessas habilidades, requerendo, portanto, programas especiais de promoção. Mesmo considerando-se que, dado o caráter situacional das habilidades sociais, as expectativas do ambiente seriam compatíveis com seus recursos, o preconceito, a rejeição e o antagonismo de que esses indivíduos são vítimas, constituem obstáculos à sua inclusão efetiva[84]. Para superá-los, a escola precisa investir também no desenvolvimento interpessoal dos demais alunos e, em muitos casos, até mesmo de professores.

4.1. O que o professor pode fazer?

A qualidade da relação da criança com os colegas, enquanto uma das condições para sua aprendizagem social e acadêmica, pode ser, em grande parte, mediada pelo professor quando este: (a) amplia ou restringe as oportunidades de interação em sala de aula, por exemplo, explorando produtivamente os trabalhos em grupo ou adotando, exclusivamente, métodos de trabalho individual, com pouca interação entre as crianças; (b) expressa rejeição ou aceitação das formas indesejáveis de relacionamento entre os alunos, por exemplo, omitindo-se diante de chacotas ou grosserias entre eles ou estabelecendo limites para essas formas de comportamento; (c) oferece modelos adequados ou inadequados de relacionamento na sua interação com as crianças.

Os professores costumam criticar e elogiar seus alunos, mas, na maioria das vezes, as críticas e os elogios apresentam características muito negativas. Grande parte das críticas e elogios é do tipo generalizante, ou seja, em vez de identificar o(s) comportamento(s) que pretende destacar, o professor faz referência excessivamente abran-

---

84. Araújo e Del Prette (2003).

gente, por exemplo: *Tudo o que você fez está errado!* Outra característica é a de transformar o que a criança faz em um qualificativo a ela aplicado, por exemplo: *Ivan, você é muito agressivo!; Marta, não seja tão egoísta!* Os termos que generalizam ou absolutizam são usados como punição ou desabafo; já os termos atributivos ganham um estatuto de explicação e costumam ser, posteriormente, tomados como causa do comportamento que o gerou (*Ivan age assim porque é agressivo!*).

As qualificações são bastante perigosas para a criança, pois uma vez aceitas influenciam a avaliação que ela faz sobre si mesma. Qualquer insucesso pode significar uma confirmação do atributo que lhe foi conferido. Portanto, chamá-la de má, estúpida ou agressiva é o mesmo que colocar nela uma etiqueta, fazendo com que ela se comporte de maneira a justificar a classificação recebida. Ademais, também seus colegas passam a esperar comportamentos compatíveis com o rótulo e dão atenção seletiva a eles, ignorando, muitas vezes, outros tipos de comportamentos.

O quadro a seguir, elaborado em um programa de Treinamento de Habilidades Sociais para professores[85], apresenta exemplos inadequados e adequados de fazer críticas ou elogios. Com algumas adaptações, esses exemplos podem ser utilizados em outros contextos.

Evite dizer assim	Procure falar assim
• Parabéns, Tiago, você foi o melhor de todos!	• Parabéns, Tiago, você se superou nessa tarefa!
• Paula, você é uma menina má.	• Paula, isso que você fez é muito ruim.
• Você está sempre fazendo coisas erradas para seus colegas.	• Quando você se comporta dessa maneira, prejudica seus colegas.

---

85. Trata-se de projeto financiado pelo CNPq (Del Prette & Del Prette, 2003d).

4. A aprendizagem de habilidades sociais na infância

• Eu sinto raiva de você!	• Fico com raiva quando você faz isso.
• Você é desmazelado e descuidado com tudo.	• Seu caderno está rabiscado, suas coisas escolares estão fora de lugar.
• Só podia ser você, agindo assim!	• Por que você fez isso novamente?
• Assim não vai aprender nunca.	• Tente outra maneira para resolver o problema.
• A Maria me deixa feliz! Cada um da sala devia se espelhar nela.	• A Maria me deixou feliz! Ela se esforçou e conseguiu bom resultado.
• Quem não faz uma tarefa tão simples, só serve para puxar carroça.	• Refaça os exercícios com mais atenção. Comece pelos mais fáceis.
• Tenho pena de sua mãe, aguentar um irresponsável que não serve para nada.	• A sua mãe vai ficar triste, sabendo que você não está estudando como poderia.
• Tente ser como o Aguinaldo, um aluno estudioso e bem-educado.	• Trabalhe um pouco com o Aguinaldo. Cada um pode ajudar o outro em alguma coisa.
• Vocês são um bando de irresponsáveis!	• Alguns de vocês têm agido de maneira irresponsável.
• Parabéns à classe, tirando os "folgados" de sempre o restante foi muito bem.	• Parabéns à classe. Os que não conseguiram boa avaliação terão que se esforçar mais.

Essas alternativas devem ser utilizadas criativamente, de acordo com a ocasião, evitando-se transformá-las em um novo ritual ou procedimento padrão. Um relacionamento satisfatório com os alunos é fundamental para aumentar a probabilidade do professor alcançar os objetivos acadêmicos e, também, para promover a competência social das crianças.

5. O papel do psicólogo e do atendimento clínico

Quando as condições formais e informais de aprendizagem na infância não promovem um repertório suficiente de habilidades sociais, os déficits podem ocasionar problemas de relacionamento da criança com seus colegas ou com adultos. O mesmo ocorre quando a criança apresenta transtornos psicológicos associados a dificuldades interpessoais que prejudicam seu funcionamento adaptativo. Nesses casos, uma atuação educativa no ambiente escolar ou familiar, ainda que necessária e complementar, pode ser insuficiente, indicando a necessidade de um atendimento especializado em contexto clínico, que será tanto mais eficiente quanto mais cedo ocorrer.

Tais atendimentos são conduzidos por psicólogos, por meio de programas de Treinamento de Habilidades Sociais, individualmente ou em pequenos grupos de crianças, como complemento às sessões terapêuticas. Outra alternativa é a do psicólogo supervisionar professores na condução de programas similares em contexto escolar. Esses programas devem, na medida do possível, incluir a orientação à família ou o treinamento de pais.

Nos Estados Unidos, Canadá e muitos países europeus, existem clínicas especializadas em auxiliar os pais na tarefa de educar seus filhos. Muitas dessas clínicas utilizam Programas de Treinamento de Pais[86]. Alguns desses programas incluem recursos do Treinamento de Habilidades Sociais e têm, como objetivo principal, a promoção de *habilidades sociais educativas* dos pais. Essas habilidades são definidas como "aquelas intencionalmente voltadas para a promoção do desenvolvimento e da aprendizagem do outro, em situação formal ou informal"[87]. No Brasil, nos últimos anos, vários pesquisadores vêm se interessando pelos programas de Treinamento de

---

86. Um dos mais populares programas para pais é o desenvolvido por Patterson e sua equipe. Ver: Patterson, Chamberlain e Reid (1982).

87. Del Prette e Del Prette (2001).

4. A aprendizagem de habilidades sociais na infância 69

Pais, associados ou não ao atendimento terapêutico da criança[88] e também da família[89].

> Quando a criança está sob atendimento clínico em um programa de Treinamento de Habilidades Sociais, o papel da família, da escola e dos companheiros não pode ser menosprezado. O processo terapêutico será muito mais efetivo se contar com o apoio de outros significantes para a manutenção e generalização dos seus efeitos.

5.1. Os pais como coterapeutas

Não obstante os objetivos acadêmicos serem definidos a partir do que se convencionou designar como função social da escola e, aparentemente, existir um consenso sobre isso na sociedade, o que a criança aprende, em termos de desempenho social, nem sempre é valorizado pelos pais. O psicólogo escolar, a direção da escola e os professores precisam ter a família como parceira e aliada nesse empreendimento, garantindo-lhes acesso às informações e esclarecimentos pertinentes.

Além de definir e explicitar os objetivos da intervenção junto aos pais, cabe, ao psicólogo ou facilitador[90], informá-los sobre o processo e os procedimentos de intervenção bem como sobre os possíveis significados das mudanças de comportamento da criança para o ambiente. Com essa providência, amplia-se a probabilidade de adesão e cooperação ativa dos pais no processo.

Os pais devem ser informados de que o programa não pretende substituí-los na tarefa educativa, nem decidir

---

88. Ver: Marinho (2000); Marinho e Silvares (2000).

89. Banaco e Martoni (2001).

90. O termo facilitador está sendo utilizado para designar aquele que conduz um programa de Treinamento de Habilidades Sociais, podendo ser professor, pais ou outro profissional da área de Saúde ou Educação.

sobre as habilidades que as crianças devem apresentar, porém, tão somente auxiliá-los nessa tarefa. Adicionalmente, os pais seriam esclarecidos de que o Treinamento de Habilidades Sociais não é uma panaceia e que, portanto, não substitui outras providências, quando necessárias. Qualquer decisão quanto à continuidade, interrupção ou desistência de outros tipos de atendimentos em saúde (psiquiatra, neurologista, fonoaudiólogo, fisioterapeuta, nutricionista), paralelos ao Treinamento de Habilidades Sociais, cabe exclusivamente aos pais.

Parte II

Programa de treinamento de habilidades sociais

A única coisa que a gente deve cuidar é de dar sempre um passo à frente, um passo, por menor que seja (John Steinbeck).

5

Planejamento do programa de treinamento de habilidades sociais

Quando o comportamento é apenas produto das contingências, não se observa o que podemos chamar de seguir um plano ou aplicar uma regra (B.F. Skinner).

Os programas de Treinamento de Habilidades Sociais para crianças e adolescentes podem focalizar tanto a superação dos déficits e problemas a eles associados como a promoção mais generalizada de um repertório amplo de habilidades sociais[1]. A aplicação do Treinamento de Habilidades Sociais com grupos de crianças é ainda incipiente nas clínicas e escolas brasileiras, ao contrário do que ocorre em outros países como Estados Unidos, Canadá, Espanha, Portugal e Inglaterra.

O planejamento de qualquer tipo de intervenção psicológica é orientado por suposições e premissas que, explicitadas ou não, derivam-se das diferentes escolas ou

---

1. A diversidade de aplicações está documentada na literatura da área. Ver, entre outros: Merrell e Gimpel (1998), Michelson, Sugai, Wood e Kazdin (1983). Exemplificando programas destinados a problemas específicos, ver, por exemplo, os programas aplicados a adolescentes transgressores (Spence & Marzillier, 1981), a pessoas com retardo mental (Meredith, Saxon, Doley & Kyzer, 1980), com problemas de timidez (Guevemont, 1990) e de violência (Barr & Parrett, 2001).

74 Parte II – Programa de treinamento de habilidades sociais

matrizes teóricas adotadas pelo psicólogo. As principais premissas subjacentes ao Treinamento de Habilidades Sociais para crianças podem ser resumidas em[2]:

- As habilidades sociais englobam componentes verbais, não verbais e paralinguísticos;

- As habilidades sociais são aprendidas por meio de diferentes processos (observação, modelação, ensaio, instrução, *feedback* etc.);

- O desempenho de habilidades sociais é influenciado por características do contexto social e cultural;

- As dificuldades nos relacionamentos são decorrentes da interação entre fatores organísmicos e ambientais.

O atendimento a crianças com déficits em habilidades sociais pode ser individualizado ou em grupo. Considerando que a proposta de metodologia vivencial (apresentada no próximo capítulo) é essencialmente interativa, o contexto de grupo é tomado como referência, destacando-se, entre suas vantagens[3]: (a) disponibilidade de interlocutores variados para o arranjo de situações de desempenho de papéis; (b) maximização das oportunidades para aprendizagem observacional; (c) economia de tempo e de investimento financeiro; (d) acesso à subcultura dos participantes.

O processo de planejamento de um programa de intervenção qualquer e, portanto, também de um programa vivencial com grupo de crianças, implica em várias decisões e etapas, algumas parcialmente sobrepostas:

1) Decisões quanto à estrutura geral do programa (composição e tamanho do grupo, duração, quantidade e frequências das sessões);

---

2. Entre outros, ver: Elliot e Gresham (1993); Michelson, Sugai, Wood e Kazdin (1983).

3. Del Prette e Del Prette (1999).

5. Planejamento do programa de treinamento de habilidades sociais **75**

2) Avaliação pré e pós-intervenção do repertório de habilidades sociais de cada criança;

3) Seleção e organização dos objetivos da intervenção para o programa como um todo e para cada uma das sessões;

4) Organização dos procedimentos, incluindo-se o planejamento da generalização e, no caso específico da proposta deste livro, a seleção das vivências e as providências para sua condução;

5) Questões éticas.

1. Estrutura geral do programa

O planejamento de um programa de Treinamento de Habilidades Sociais com crianças em grupo depende de decisões sobre algumas características de estrutura, abordadas a seguir.

1.1. Composição: *homogeneidade* versus *heterogeneidade*

A homogeneidade ou heterogeneidade na composição do grupo diz respeito a características dos participantes, dentre as quais destacam-se: idade, sexo, tipo de transtorno, tipo de déficit entre outras.

Com relação à idade, a heterogeneidade é positiva. Contudo, o intervalo entre a idade mínima e máxima dos participantes não deve ser muito grande para garantir troca de experiências e maior coesão de grupo.

Quanto ao sexo, um equilíbrio entre meninos e meninas é a condição ideal, pois reproduz situações cotidianas de convivência com o sexo oposto e permite explorar diferentes modelos de comportamento para todos.

Com relação ao tipo de transtorno, embora não haja pesquisas conclusivas sobre isso, entende-se como contraproducente colocar, em um mesmo grupo, participantes com problemas graves diferenciados, por exemplo,

76 Parte II – Programa de treinamento de habilidades sociais

drogadição, delinquência e depressão. No entanto, há relatos bem-sucedidos de programas de intervenção juntando crianças ou jovens com retardo mental a outros com desenvolvimento normal[4]. Essa heterogeneidade amplia a disponibilidade de modelos e cria oportunidades de novas aquisições de comportamentos e valores, inclusive para as crianças sem deficiência.

Quanto aos tipos ou áreas de déficits interpessoais, pode-se pensar em duas direções. Se o grupo é de treinamento temático, por exemplo, resolução de problemas, as crianças deveriam ser selecionadas por apresentarem déficits nessas habilidades. Porém, se a organização dos grupos não é feita em função dos tipos de déficits ou áreas de dificuldade, como em uma sala de aula, a heterogeneidade pode ser positiva porque viabiliza diferentes modelos de desempenhos sociais.

1.2. Tamanho dos grupos

O número de participantes deve ser definido principalmente em função de três condicionantes: o tipo de problema, a faixa etária dos participantes e o espaço disponível. Não há um número padrão de participantes em grupos de crianças para Treinamento de Habilidades Sociais. Em relação aos problemas de comportamentos externalizantes, os grupos não devem ser grandes, sugerindo-se[5] de quatro a oito crianças. No caso de internalizantes, os grupos podem ser maiores, com até 15 crianças. Com pré-escolares, os grupos também não devem ter muitos participantes, podendo variar de seis a dez. Nas séries iniciais do Ensino Fundamental, temos trabalhado com grupos maiores, porém, quando o espaço é restrito, dificultando o uso de vivências, é preferível dividir o grupo em dois, a serem conduzidos separadamente. Para os grupos com

---

4. Cox e Schopler (1995).

5. Conforme Michelson e colaboradores (1983).

5. Planejamento do programa de treinamento de habilidades sociais **77**

mais de 15 participantes, é interessante que se disponha de dois facilitadores na condução das sessões.

De qualquer maneira, mesmo contando-se com dois facilitadores, pode-se prever, com os grupos, grandes dificuldades para:

- Distribuir, de forma razoavelmente equitativa, a atenção a todas as crianças do grupo;
- Garantir igual oportunidade de treinamento específico a todas as crianças;
- Manejar problemas de comportamentos interferentes de algumas crianças, que podem ser alvo da atenção de seus pares;
- Prover e supervisionar atividades específicas para as que não estão, em alguns momentos, envolvidas no treinamento direto (por exemplo, durante o treinamento de um participante em um ensaio comportamental).

1.3. Duração do programa e distribuição das sessões

Nem sempre a duração exata do programa pode ser prevista com antecedência pelo facilitador. A extensão do programa depende, primeiramente, do cumprimento integral dos objetivos e etapas previstos na intervenção[6]. Todavia, o facilitador pode fazer uma estimativa aproximada com base no tipo de problemas e recursos dos participantes e na quantidade de sessões por semana. Os programas profiláticos geralmente produzem evidência de resultados, para a maioria dos participantes, a partir de aproximadamente 30 horas de duração.

Quanto à distribuição das sessões, nos dois primeiros meses, é desejável pelo menos duas por semana. Quando o programa é desenvolvido na escola e associado às demais atividades acadêmicas, recomenda-se planejar três

---

6. A "integralidade da intervenção" é um fator importante na avaliação da sua efetividade (Gresham, 1997).

78 Parte II – Programa de treinamento de habilidades sociais

sessões semanais para os dois primeiros meses, duas para o terceiro mês e uma até o final do semestre letivo, desde que haja um bom envolvimento da escola (diretor, professores, demais membros da equipe escolar e pais). A duração de cada sessão deve ser estabelecida com base na idade, no tipo de problemas e recursos das crianças. Com pré-escolares, é importante planejar sessões mais curtas (de no máximo 45 minutos) e maior frequência semanal. As sessões para crianças mais velhas podem durar até hora e meia, garantindo-se um mínimo de duas por semana.

2. Avaliação pré e pós-intervenção

Na fase pré-intervenção, a avaliação visa, principalmente, caracterizar: (a) os tipos de déficit (de desempenho, de fluência e de aquisição); (b) os recursos da criança e de seu ambiente (comportamentos adaptativos, ainda que pouco frequentes ou incompletos, capacidade para aprender, possibilidade de envolvimento de pais e cuidadores); (c) os comportamentos interferentes que competem com a aprendizagem e/ou desempenho das habilidades sociais; (d) outras variáveis relacionadas aos déficits, conforme explicitadas no capítulo 4.

A avaliação pós-intervenção pode ser direcionada tanto para a verificação da eficiência (consecução dos objetivos previamente estabelecidos) como da eficácia da intervenção (impacto social dos resultados) na resolução das dificuldades dos participantes. Assim, é importante avaliar não somente a aquisição de novas habilidades e sua generalização para diferentes interlocutores e ambientes, mas, também, o impacto geral da intervenção sobre o funcionamento adaptativo da criança e sobre outras aquisições não planejadas.

2.1. Indicadores e dimensões a avaliar

Considerando-se a definição de habilidades sociais e os critérios de competência social apresentados no pri-

5. Planejamento do programa de treinamento de habilidades sociais **79**

meiro capítulo, é fácil deduzir que a avaliação do repertório social deve ser baseada em vários indicadores do desempenho manifesto (observável) e encoberto (relato de pensamentos, sentimentos, crenças) que ocorre nas relações interpessoais. Os principais indicadores incluem[7]:

- Frequência de habilidades específicas;
- Forma como a criança apresenta determinados desempenhos (por exemplo, volume de voz, gesticulação, expressão facial, postura etc.);
- Funcionalidade do desempenho em termos de sua adequação à ocasião e das consequências obtidas;
- Dificuldade atribuída ao desempenho de habilidades específicas;
- *Status* sociométrico, rendimento acadêmico e outros correlatos ou consequências do desempenho social da criança;
- Importância atribuída (pela criança e/ou por seus significantes) para o desempenho de habilidades específicas;
- Pensamentos, atribuições e objetivos nas interações, que caracterizam a compreensão social da criança;
- Medidas fisiológicas de ansiedade, desconforto e medo.

> Esses indicadores podem ser articulados para produzir informações adicionais importantes na avaliação. Por exemplo, com base na análise articulada de frequência, dificuldade e importância, é possível inferir o tipo de déficit em determinada classe de habilidades sociais.

---

7. Por exemplo: Caballo (1993), Del Prette e Del Prette (2002b); Hargie, Saunders e Dickson (1994); Ladd e Mize (1983); Trower (1995).

2.2. Métodos de avaliação

A avaliação da competência social pode ser baseada em métodos indiretos (entrevistas, inventários e registro de produtos permanentes) ou diretos (observação em situação natural ou análoga, autorregistros e registros fisiológicos). Os principais métodos para avaliação da competência social de crianças incluem: (a) entrevistas com a criança e/ou com seus significantes (pais e professores principalmente); (b) técnicas de observação direta; (c) inventários de habilidades sociais (que podem ser respondidos pela própria criança, por seus colegas e por pais e professores); (d) medidas sociométricas. Esses métodos são brevemente descritos a seguir[8].

2.2.1. Entrevistas

As entrevistas podem ser conduzidas tanto no contexto clínico como no educacional. A entrevista, feita com pais e professores, ou mesmo diretamente com a criança, permite obter informações sobre: (a) os tipos de dificuldades interpessoais da criança; (b) os desempenhos socialmente competentes e não competentes presentes nas interações sociais; (c) as consequências desejáveis e indesejáveis que ela obtém (reforçamento positivo) ou evita (reforçamento negativo), respectivamente, com tais comportamentos. Utilizando questões específicas, a entrevista permite, ainda, investigar fatores cognitivos e afetivos potencialmente relacionados ao desempenho social e a outros comportamentos adaptativos correlatos e, ainda, levantar hipóteses sobre os recursos e a motivação dos pais para colaborarem com o programa[9].

---

8. Ver descrição mais detalhada de cada um dos instrumentos e procedimentos em Del Prette, Monjas e Caballo (s.d.).

9. Em Del Prette, Monjas e Caballo (s.d.) encontra-se um roteiro de entrevista para isso.

5. Planejamento do programa de treinamento de habilidades sociais 81

2.2.2. Observação direta

A observação é o método, por excelência, para avaliar os desempenhos verbais, não verbais e paralinguísticos da criança, bem como a sua capacidade de reagir às demandas do ambiente no momento oportuno (*timing*). Os registros de observação podem ser efetuados no ambiente natural ou em situações análogas de desempenho de papéis (*role-playing*) tendo, como interlocutores, crianças ou adultos. Além dos autorregistros e da observação direta por outra pessoa, pode-se efetuar registro em *videotape*[10]. A auto-observação, com registro dos próprios comportamentos, é certamente um empreendimento complexo para crianças. No entanto, pode ser utilizado com crianças letradas (oito ou nove anos de idade em diante), não apenas como estratégia de avaliação, mas também como forma de promover a aquisição da habilidade de automonitoria, essencial para qualquer desempenho socialmente competente[11].

2.2.3. Inventários

Os inventários de avaliação consistem de listas de comportamentos sociais adequados e inadequados, em que se pede ao informante (geralmente pais ou professores e raramente à própria criança) para quantificar, em uma escala dada, o julgamento ou percepção sobre os comportamentos da criança avaliada. Esses instrumentos são usualmente do tipo lápis-papel e um dos mais utilizados nos Estados Unidos, o Sistema de Avaliação de Habilidades Sociais, está sendo adaptado para o Brasil[12]. Adicionalmente, encontra-se em fase de finalização o Inventário

---

10. Ver, por exemplo, Bandeira (2003).

11. Del Prette e Del Prette (2001).

12. Trata-se do *Social Skills Rating System* (Gresham & Elliott, 1990), em processo de adaptação, com a participação de pesquisadores de várias partes do Brasil.

Multimídia de Habilidades Sociais para Crianças (IMHSC-Del-Prette)[13], resultante de cerca de uma década de trabalho em teoria, pesquisa e tecnologia. Os resultados produzidos pelo IMHSC-Del-Prette são processados de modo informatizado, gerando protocolos e gráficos que permitem identificar os recursos e déficits da criança em habilidades sociais e, com base neles, planejar objetivos socialmente relevantes e procedimentos pertinentes para a intervenção.

2.2.4. Técnicas sociométricas

A avaliação sociométrica[14] consiste da coleta de informações sobre os tipos e a qualidade do relacionamento social de uma pessoa com seu grupo de companheiros. As duas técnicas mais comuns são as de indicação e de avaliação de colegas[15]. Na técnica de indicação, cada criança relata, de um grupo de colegas, o nome de um a três de quem ela mais gosta ou menos gosta para estudar, brincar ou participar de alguma atividade, computando-se, com base na quantidade de escolhas que cada criança recebe, seu escore de impacto e de preferência social[16]. Na técnica de avaliação, apresenta-se, a cada criança, uma lista dos nomes dos colegas, pedindo-se que indique as características de cada um deles ou o quanto cada um deles apresenta de determinada característica dada. Pode-se, também, pedir que identifique os colegas que se encaixam em determinadas características dadas.

---

13. O Inventário Multimídia de Habilidades Sociais para Crianças inclui materiais impressos e informatizados e faz parte do Sistema Multimídia de Habilidades Sociais para Crianças (SMHSC-Del-Prette, Del Prette & Del Prette, 2005).

14. Ver: Coie, Dodge e Cappotelli (1982); Coie e Kupersmidt (1983); Morais Otta e Scala (2001); Parker e Asher (1987).

15. Merrell (2001). Segundo Asher e Hymed (1981), a técnica de avaliação é mais sensível a mudanças no *status* social do que a de indicação por pares.

16. Coie, Dodge e Copotelli (1982).

5. Planejamento do programa de treinamento de habilidades sociais 83

As informações obtidas permitem identificar o *status* social da criança em termos de aceitação-rejeição e outros atributos positivos e negativos. Conforme essa avaliação, as crianças poderiam ocupar cinco tipos de *status* sociométrico[17]: (a) *negligenciadas*: crianças com comportamentos internalizantes, pouco envolvimento com colegas, baixa assertividade e expressividade emocional; (b) *rejeitadas*: crianças com comportamentos externalizantes e déficits em várias habilidades sociais de civilidade e de atendimento a normas de convivência social; (c) *populares*: crianças com maior frequência e consistência de comportamentos socialmente habilidosos; (d) *controvertidas*: crianças com reações habilidosas alternadas com não habilidosas; (e) *medianas*: crianças que não se encaixam em nenhuma das classificações anteriores e não são diferenciadas por seus comportamentos sociais específicos.

2.3. Integrando indicadores e dimensões

Os métodos, instrumentos e informantes envolvidos na avaliação das habilidades sociais produzem diferentes indicadores de competência social. Essa avaliação multimodal é importante porque nenhum instrumento, procedimento ou informante acessa todos os indicadores do desempenho social, nem está livre, isoladamente, de limitações ou vieses[18]. O conjunto dos indicadores produz, portanto, informações que podem ser semelhantes, divergentes ou complementares. No caso dos informantes, as diferenças em suas avaliações podem ser decorrentes tanto dos diferentes comportamentos da criança aos quais estes têm acesso em seus contextos, como de seus possíveis critérios pessoais[19] sobre o que seria socialmente competente ou desejável.

---

17. Ver: Coie, Dodge e Copotelli (1982); Silva (2001).

18. Ver: Anastasi e Urbina (1997); Del Prette, Monjas e Caballo (s.d.); Kamphaus e Frick (2002); Merrell (2001).

19. Achenbach, McConaughy e Howell (1987).

> A diversidade de métodos, instrumentos e informantes, que caracteriza um delineamento multimodal de avaliação e diagnóstico, é uma decorrência da multidimensionalidade do conceito de competência social e requer uma análise integrada dos indicadores obtidos.

Apesar do consenso quanto à importância do uso complementar de diferentes métodos e informantes na avaliação do repertório de habilidades sociais, a autoavaliação da criança não tem ainda recebido a devida atenção, tanto em nosso meio como em outros países. As possíveis discrepâncias, entre a autoavaliação da criança e a avaliação dos adultos, devem também ser objeto de análise[20]: elas podem indicar falhas no ajustamento inicial da criança às normas de seu ambiente social e/ou déficit na habilidade de automonitoria[21], dois aspectos a serem considerados no planejamento da intervenção.

Na avaliação pré-intervenção, alguns pesquisadores[22] recomendam começar com a observação direta e os inventários, deixando as entrevistas e técnicas sociométricas para um momento seguinte. Outros[23] sugerem aplicar, sucessivamente: inventários, entrevistas e observação naturalística, com pouca ênfase em outros métodos. Entende-se que essa sequência depende, fundamentalmente, da forma como se planeja a complementação dos dados iniciais por meio dos procedimentos ou instrumentos subsequentes.

Na avaliação pós-intervenção é importante combinar medidas sensíveis de eficiência do programa (alterações na frequência, forma e funcionalidades das habilidades

---

20. Del Prette, Gresham, Del Prette (s.d.).

21. Del Prette e Del Prette (2001).

22. Merrell (1999; 2001).

23. Gresham (2000).

5. Planejamento do programa de treinamento de habilidades sociais 85

recém-adquiridas) com medidas da eficácia (alterações na avaliação pelos outros, no *status* sociométrico, nas queixas e comportamentos adaptativos correlatos e indicadores de generalização). Um procedimento bastante simples para a avaliação por outros significantes é o da indicação por pares, solicitando-se, ao término do programa, que cada um dos participantes relate, em ordem decrescente, os três colegas do grupo que apresentaram maiores alterações no repertório de habilidades sociais. Dependendo da capacidade das crianças, pode-se pedir também que descrevam as mudanças observadas. A autoavaliação pode também ser utilizada como um indicador da reatividade da criança ao tratamento e aos procedimentos de intervenção[24].

3. Definição dos objetivos do programa

A definição dos objetivos de um programa de Treinamento de Habilidades Sociais baseia-se na avaliação pré-intervenção e, em particular, na identificação de:

- Habilidades consideradas socialmente importantes e de alto impacto provável no funcionamento da criança em seu ambiente, conforme a percepção de adultos significativos e da própria criança;

- Tipos de déficits (de aquisição, desempenho ou fluência) que permitem levantar hipóteses sobre as possíveis contingências relacionadas ao desempenho social da criança na sua história passada e atual.

- Recursos comportamentais disponíveis no repertório da criança em termos das habilidades sociais e comportamentos adaptativos correlatos, caracterizando-se, também, a funcionalidade e a forma como se apresentam tais recursos.

---

24. Elliott, Pring e Bunning (2002).

Parte II – Programa de treinamento de habilidades sociais

Com base na análise das habilidades socialmente relevantes, dos déficits e fatores associados e dos recursos comportamentais da criança, o planejamento do programa de intervenção pode ser orientado para um ou mais dos seguintes objetivos:

- Ampliar o repertório de habilidades sociais, promovendo novas aquisições;

- Melhorar a frequência, funcionalidade e fluência das habilidades sociais disponíveis no repertório da criança;

- Facilitar a manutenção das aquisições obtidas no programa de intervenção e sua generalização para diferentes ambientes e interlocutores.

4. A definição dos procedimentos

Os programas de Treinamento de Habilidades Sociais para crianças caracterizam-se, geralmente, por pacotes de procedimentos com técnicas derivadas de abordagens comportamentais e cognitivas, associadas a atividades e recursos pedagógicos. Entre as técnicas, destacam-se: contrato comportamental, reforçamento e reforçamento diferencial, modelagem, desempenho de papéis e ensaio comportamental, *feedback*, discriminação, esvanecimento (*fading-in* e *fading-out*), orientação do desempenho (*prompting* ou *coaching*), instrução, modelação aberta ou encoberta, tarefas de casa, relaxamento, autorreforçamento e autoinstrução. As atividades e recursos pedagógicos incluem exposição oral, questionamento reflexivo, atividades lápis-papel em situação de grupo ou duplas, histórias, desenhos ou outro tipo de ilustração, ensino incidental etc.

De acordo com os tipos de déficits identificados e os fatores a eles associados, o facilitador pode definir os procedimentos potencialmente mais efetivos e a estrutura geral da intervenção. De modo geral, podem ser propos-

5. Planejamento do programa de treinamento de habilidades sociais 87

tos procedimentos relacionados a cada um dos tipos de déficits[25]:

- No caso de déficits de *desempenho*, o objetivo da intervenção é ampliar a frequência de emissão de determinadas habilidades, garantindo-se consequências reforçadoras para suas eventuais ocorrências no contexto das sessões; adicionalmente, é importante orientar pais, professores e colegas para estabelecerem antecedentes para a ocorrência do comportamento (contrato comportamental, instruções, ampliação de oportunidade, dicas ou modelos) e consequências para o desempenho da criança (reforçamento e *feedback*);

- Nos casos de déficit de *aquisição*, o objetivo é ensinar novas habilidades para a criança, o que irá requerer procedimentos de modelagem, modelação, instrução e ensaio comportamental, com o planejamento de contingências para viabilizar sua ocorrência e manutenção posterior no ambiente natural;

- Se os déficits são de *fluência*, o objetivo da intervenção é melhorar a proficiência (em termos de forma e funcionalidade) com que a criança emite a habilidade, implicando em ampliação de acesso a modelos socialmente competentes, instrução sobre padrões esperados e o uso de contingências positivas (reforçamento e *feedback*) para as mudanças comportamentais da criança em direção a tais padrões.

A seleção dos procedimentos, com base nos tipos de déficits, abrange os seguintes fatores (Figura 1, capítulo anterior): *falta de conhecimento, restrição de oportunidades e modelos, falhas de reforçamento* e *ausência de feedback* e parte das *dificuldades de processamento*. Para os três outros fatores, são sugeridos procedimentos adicionais.

---

25. Essas sugestões estão baseadas em Gresham (1995).

- No caso de *excesso de ansiedade interpessoal*, a intervenção deve incluir procedimentos de dessensibilização diante das demandas interativas[26], com práticas no *setting* terapêutico para reduzir a ansiedade e promover a autoconfiança da criança, além de técnicas de relaxamento, autoinstrução e autocontrole. Além disso, recomenda-se orientação familiar na criação de ambiente tranquilo e acolhedor que facilite o desempenho da criança.

- Quando há *problemas de comportamento*, que competem com a aprendizagem e/ou com o desempenho de habilidades sociais, o psicólogo precisa avaliá-los e decidir a amplitude da intervenção. Dependendo dessa amplitude, a aquisição e a estimulação de determinadas habilidades sociais pode ser suficiente para inibir ou reduzir a frequência dos problemas de comportamento. Se isso não for suficiente, o psicólogo pode decidir por um atendimento paralelo ao Treinamento de Habilidades Sociais, focalizado em tais comportamentos. Em ambos os casos, são fundamentais a orientação aos pais e a participação de outros significantes do ambiente da criança, como professores e colegas.

- Se a criança apresenta *dificuldades de processamento* em termos de fatores cognitivo-afetivos (padrões disfuncionais de crenças, autorregras, autoestima, autoeficácia, expectativas, planos e metas), é importante acrescentar procedimentos e técnicas específicos para lidar com tais fatores, tais como: modelos simbólicos em histórias (com ou sem recursos lápis-papel), exercícios de observação do desempenho de outra criança em solução de problemas, confrontação de autoavaliações distorcidas, treino de autoinstrução e de autorreforçamento, *feedback* para desempenho na sessão etc.

---

26. Del Prette e Del Prette (1999).

5. Planejamento do programa de treinamento de habilidades sociais 89

O uso dos procedimentos referidos nesta seção pode ser maximizado com a adoção da metodologia vivencial, detalhada no próximo capítulo.

4.1. *Recomendações ao facilitador*

A aplicação de programas de Treinamento de Habilidades Sociais, com grupo de crianças, requer alguns cuidados do facilitador, dentre os quais:

● Dar instruções claras e assegurar-se de que foram completamente compreendidas pelas crianças;

● Oferecer modelo para desempenhos específicos como cordialidade, bom humor e cooperação;

● Estabelecer, com os participantes, algumas regras de funcionamento do programa, incluindo-se normas para o trabalho em grupo;

● Reforçar, explicitamente, os desempenhos de seguimento de instruções, regras e normas de alguns participantes ou do grupo como um todo, nos momentos em que ocorrerem;

● Utilizar tom de voz audível, sem elevá-la quando algumas crianças começam a falar simultaneamente; ao invés disso, escolher alternativas, tais como: (a) interromper a própria fala e permanecer olhando para os participantes, o que costuma ser suficiente para interromper esse comportamento; (b) falar mais baixo ainda até que eles próprios se controlem para ouvi-lo; (c) escrever no quadro, de maneira resumida, o conteúdo que estava expondo, o que requer anotações por parte das crianças;

● Organizar a configuração de subgrupos: número de participantes; distribuição dos possíveis líderes, reunião das crianças com mais dificuldade com as que possuem maiores recursos; variação na composição das equipes;

90 Parte II – Programa de treinamento de habilidades sociais

- Evitar perguntas dirigidas ao grupo que costumam ser respondidas por apenas alguns dos participantes (por exemplo, os mais desinibidos e os que ficam mais ansiosos com o silêncio); ao invés disso, fazer perguntas dirigidas a crianças específicas, chamando-as cada uma pelo nome e aguardando a resposta;

- Suprimir qualquer tipo de punição para desempenhos considerados inadequados; ao contrário, recompensar as aquisições, mesmo as menores, incentivando e criando oportunidades para novos desempenhos;

- Evitar qualquer tipo de comparação entre as crianças e, sempre que possível, comparar a criança consigo mesma, incentivando o seu esforço e progresso.

5. Questões éticas

Toda intervenção, terapêutica ou educativa, impõe um conjunto de questões éticas que devem ser estritamente consideradas. Essas questões podem ser organizadas em princípios que, de maneira integrada, funcionam como guias para a reflexão e ação educativa ou terapêutica e estão, mais diretamente, associadas ao planejamento, condução e efeitos de programas de intervenção.

Os três princípios mais gerais que devem nortear a conduta ética[27] profissional e que foram adaptados para o caso específico da aplicação de programas de Treinamento de Habilidades Sociais com crianças e adolescentes podem ser resumidamente apresentados em termos de:

- *Respeito*. Esse princípio indica que todas as pessoas que participam de uma intervenção devem ser consideradas em sua autonomia e direitos e, principalmente, protegidas de qualquer tipo de risco à sua integridade e bem-estar. Essa proteção deve ser maior

---

27. Com base em Hoagwood (2003).

5. Planejamento do programa de treinamento de habilidades sociais **91**

ainda quando se trata de pessoas com menor autonomia, como é o caso de crianças e adolescentes;

- *Benefício.* A aplicação desse princípio requer a previsão de resultados da ação terapêutica e que tais resultados se estendam do indivíduo para seu entorno. Além disso, os procedimentos devem assegurar que transtornos e desconforto sejam minimizados, obtendo-se ganhos bastante superiores;

- *Justiça.* Esse princípio refere-se a ganhos razoavelmente equitativos para todos os participantes, sem qualquer tipo de distinção na disponibilização dos recursos para isso. No caso do Treinamento de Habilidades Sociais em grupo, indica cuidados adicionais para que todos tenham a mesma oportunidade de exposição e treinamento.

Esses três princípios devem embasar o atendimento clínico ou educacional, desde a seleção de objetivos até a metodologia de avaliação de resultados. Quando se trata de uma intervenção terapêutica por solicitação dos pais, os objetivos do Treinamento de Habilidades Sociais são razoavelmente óbvios uma vez que, aparentemente, os pais desejam que seus filhos se comportem de maneira oposta nos quesitos que apresentam como objeto de queixa. É importante considerar, no entanto, que algumas famílias se movimentam em função "da criança problema" e que as alterações comportamentais naquele filho vão, também, alterar a dinâmica nas relações entre todos seus componentes.

6. Arranjo do contexto de treinamento

O arranjo espacial do *setting* terapêutico para o Treinamento de Habilidades Sociais em grupo de crianças é uma condição importante para a condução do processo. As cadeiras devem ser dispostas em um formato de semicírculo, podendo, no caso de grupo com maior quantidade de crianças, conter duas fileiras. A cadeira do facilitador é posicionada à frente, a uma distância de cerca de três metros do semicírculo. Essa disposição viabiliza o contato visual e a aproximação do facilitador com todas as crianças. O espaço interno ao semicírculo é destinado às vivências (ver próximo capítulo) e aos ensaios de comportamentos. A maior parte do tempo o facilitador permanece em pé, movimentando-se no espaço de treinamento conforme o tipo de procedimento que está utilizando.

7. O planejamento da generalização

Para ser considerada eficiente, uma intervenção deve apresentar resultados que se prolonguem no tempo e que ocorram também em outros ambientes e em relação a outras pessoas. A generalização é pouco provável de ocorrer naturalmente.

> Tanto no caso do atendimento clínico, como em programas educativos de Treinamento de Habilidades Sociais para crianças, também se aplica o axioma de que é *melhor programar a generalização do que lamentar a sua não ocorrência*.

Para viabilizar a generalização, os programas devem buscar a colaboração da família e da escola. Os contextos escolar e familiar são os principais espaços onde as habilidades recém-aprendidas devem ser exercitadas e mantidas. Além disso, a participação de pais e professores aumenta a compreensão destes sobre a lógica da intervenção e o seu papel e responsabilidade no sucesso do empreendimento terapêutico ou educativo[28].

Em se tratando do Treinamento de Habilidades Sociais, o planejamento da generalização envolve alguns cuidados e procedimentos, explicitados a seguir[29]:

---

28. Silvares (2000).

29. Ver a revisão realizada por Michelson, Sugai, Wood e Kazdin (1983). Ver, também, Stokes e Baer (1977).

5. Planejamento do programa de treinamento de habilidades sociais **93**

1) *Promover habilidades significativas.* O programa deve atender, preferencialmente, as queixas apresentadas pelos pais e pelas crianças, pois há grande probabilidade de que as aquisições a elas relacionadas sejam aceitas e mantidas por consequências naturais do ambiente. Por exemplo, sobre a queixa de que a criança é "indiferente" aos esforços dos pais para educá-la ou ajudá-la, a aquisição ou aumento na frequência da habilidade de agradecer e retribuir gentilezas deve produzir consequências reforçadoras para as díades em interação, gerando uma disposição favorável do ambiente para outras aquisições, mesmo que não façam parte das queixas.

2) *Variar o desempenho da habilidade.* A aprendizagem de diferentes formas de desempenho de uma mesma habilidade favorece a interação da criança com diferentes interlocutores, ampliando sua experiência e resultando em novas aprendizagens. Por exemplo, o comportamento de cumprimentar, estabelecido como um padrão fixo, pode alcançar resultados favoráveis com um número limitado de pessoas, enquanto que aprender muitas maneiras de cumprimentar (*Olá!*, para a mãe ou amigo; *Bom-dia, Sr. José!*, para o diretor da escola; *Tudo beleza!*, para o colega de esporte), associando-as ao padrão não verbal correspondente, garante consequências reforçadoras com um maior número de interlocutores.

3) *Variar os contextos.* Ao invés de treinar a criança somente em relação ao contexto em que foi identificada a dificuldade, introduzir variações na situação, alterando algumas características da demanda. Por exemplo, ao treinar a habilidade da criança de fazer pedidos, podem ser estruturadas situações de escola, de clube, de vizinhança com diferentes temas, como solicitar donativos, empréstimo de brinquedo, ajuda com tarefa etc.

4) *Desvanecer consequências reforçadoras.* Quando as aquisições de uma habilidade se tornam frequentes e

Parte II – Programa de treinamento de habilidades sociais

fluentes, as consequências reforçadoras devem se tornar ocasionais, tal como ocorre na situação natural de vida da criança.

5) *Promover a colaboração dos colegas.* Sempre que possível, solicitar que os colegas apresentem consequências positivas às habilidades recém-adquiridas pela criança. Na situação de treinamento, é importante pedir *feedback* ou elogio de uma criança para o desempenho de outra. Se for viável, recomenda-se incluir amigos em sessões especiais de treinamento de algumas habilidades cruciais e colocá-los como parceiros para sinalizarem e valorizarem os ensaios "de todos" em outros contextos.

6) *Exercitar a autoaprovação.* A criança que está experimentando novas habilidades deve aprender a observar seu desempenho e se autogratificar por emiti-lo e por pequenas melhoras conseguidas. O autorreforçamento reduz o desconforto e a frustração quando a consequência externa não ocorre conforme se esperava.

Se o programa terapêutico de Treinamento de Habilidades Sociais em grupo está utilizando o método vivencial, vale lembrar que os objetivos das vivências devem ser retomados em sessão, pelo facilitador, ou no ambiente natural, por pais e professores, sempre que surgirem oportunidades de ensino incidental, oferecendo-se modelos e incentivo para o exercício das habilidades recém-adquiridas pela criança.

Uma atividade especial no planejamento da generalização refere-se às tarefas de casa e é descrita em maior detalhe a seguir.

7.1. Tarefas de casa

Com base na identificação inicial dos déficits e recursos interpessoais dos participantes, é importante programar um conjunto de "tarefas de casa", que teriam, como

5. Planejamento do programa de treinamento de habilidades sociais **95**

principais objetivos: (a) avaliar e fortalecer as aquisições ocorridas na sessão; (b) promover e avaliar a generalização dessas aquisições para outros ambientes e interlocutores; (c) facilitar aquisições adicionais relacionadas ao treinamento, em particular a aprendizagem de efetuar análises funcionais do próprio comportamento (requisito da automonitoria).

Tarefas de casa são "exercícios interpessoais" que devem ser propostos, desde o início do programa, em uma sequência que instigue a experimentação de diferentes desempenhos sociais em vários contextos e com diferentes interlocutores. No entanto, não basta solicitar tarefas para membros de um grupo de treinamento. Mesmo estando de acordo e até desejando realizá-las, crianças e adultos podem simplesmente retornar à sessão seguinte sem tê-las feito.

Existem alguns fatores sobre os quais se tem pouco ou nenhum controle e que constituem empecilhos à realização da tarefa, por exemplo, a falta de oportunidade para realizá-la. Mas há obstáculos sobre os quais é possível alguma previsão e controle, tais como: (a) esquecimento; (b) incompreensão do enunciado da tarefa; (c) crença na impossibilidade de realização. Os dois primeiros fatores precisam de uma atenção especial, pois frequentemente são associados ao terceiro.

Antes da atribuição da tarefa, é preciso definir, junto com os participantes, os mnemônicos que podem ser por eles utilizados. O facilitador dá alguns exemplos, mas cada um deve pensar em um recurso "infalível" para si. O uso de autorrecados escritos, colocados em lugares estratégicos, troca de posição do relógio de pulso, uma fita enlaçada no dedo, um pedaço de esparadrapo cobrindo o mostrador do relógio, a mudança de mão ou dedo no uso do anel, o sinalizador do relógio ou celular são exemplos de mnemônicos utilizados com bastante sucesso. Quanto ao enunciado, este precisa ser claro, referir-se a um ou dois comportamentos de cada vez e o seu entendimento

96 Parte II – Programa de treinamento de habilidades sociais

deve ser cuidadosamente verificado. Já a crença na impossibilidade de realização é, em grande parte, resolvida quando a solicitação encontra-se dentro das possibilidades do repertório dos participantes. Eventualmente, para garantir a realização da tarefa, pode ser necessário um treino prévio e/ou a escolha de um interlocutor (pessoa com quem a criança irá realizar a tarefa) que facilitaria sua execução.

Nas cinco primeiras sessões iniciais, recomenda-se a atribuição de tarefas genéricas para todos os participantes. Nas sessões seguintes, além destas, devem ser introduzidas tarefas personalizadas, iniciando-se com dois ou três participantes e acrescentando outros conforme o desenvolvimento do programa. Esses dois tipos de tarefas visam, simultaneamente, finalidades distintas. As genéricas permitem promover maior proficiência em algumas habilidades (recursos prévios das crianças ou as chamadas habilidades de processo[30]) e podem adquirir valor reforçador, pois, embora dentro das possibilidades de repertório do grupo, constituem desafios raramente experimentados. As personalizadas são complementares porque atendem às necessidades específicas de cada um e frequentemente têm, como suporte, os desempenhos já experimentados nas tarefas comuns.

As tarefas genéricas podem ser ampliadas e/ou adaptadas conforme as necessidades da clientela. Alguns exemplos são apresentados a seguir:

- Fazer uma pergunta a um colega com quem ainda não tenha conversado (não pode ser do grupo de trei-

---

30. Conforme definimos em outro lugar (Del Prette & Del Prette, 2001), habilidades de processo são "aquelas apresentadas pelos participantes que se caracterizam como educativas e/ou terapêuticas no processo de promoção da competência social dos demais, configurando um contexto de apoio mútuo no grupo". Entre tais habilidades incluem-se as de observar e descrever comportamentos, prover *feedback* positivo, elogiar, fazer/responder perguntas e desenvolver sentimentos positivos em relação aos demais.

5. Planejamento do programa de treinamento de habilidades sociais 97

namento). Se houver necessidade, pedir, para um ou outro participante, exemplos de perguntas, mas é preferível que cada um elabore a sua pergunta e estabeleça um plano para realizá-la;

- Demorar mais tempo do que o habitual para responder uma pergunta que lhe for feita, elaborando a resposta como julgar melhor;

- Escolher, entre os amigos ou conhecidos, um que considera muito habilidoso e observar, durante algum tempo, como ele se comporta em várias situações ou em situações que considera mais difíceis;

- Modificar, em uma conversa, uma característica que lhe é própria (por exemplo, se costuma falar muito baixo, a tentativa será de falar mais alto, ou, se apresenta pouco contato visual, deve intensificá-lo) e verificar o efeito sobre o interlocutor e as dificuldades experimentadas;

- Atender prontamente a um pedido dos pais e prestar atenção na forma como eles reagem;

- Agradecer quando alguém, um adulto ou outra criança, lhe prestar um favor;

- Ao receber uma crítica injusta, observar como se sente e como reage.

8. Quando o treinamento não é efetivo

Dificilmente um programa de treinamento de habilidades sociais em grupo deixa de atingir a maior parte dos objetivos a que se propõe em relação a todos ou, pelo menos, à maioria dos participantes. Infelizmente, a avaliação sobre a efetividade desses programas costuma se restringir às mudanças que ocorrem nas sessões terapêuticas[31], mais do que em outros ambientes. Não obstante a reconhecida eficiência do Treinamento de Habilidades

---

31. Merrel e Gimpel (1998).

98 Parte II – Programa de treinamento de habilidades sociais

Sociais, algumas crianças, ainda que em um número bastante pequeno, parecem se beneficiar pouco ou quase nada da intervenção. Por que isso acontece? A literatura da área[32] vem procurando explicar o insucesso de alguns programas.

A primeira explicação baseia-se na questão da validade social, buscando verificar se as habilidades desenvolvidas são significativas para o funcionamento da criança em seu ambiente. Se não traz vantagens presentes e futuras para a criança e para seus interlocutores mais próximos, as aquisições não se generalizam e, quando isso ocorre, elas não se mantêm por muito tempo. Uma segunda possibilidade é que algumas crianças podem necessitar de um tempo adicional de treinamento. Pode-se supor, ainda, que a falta de certas habilidades sociais (déficits de aquisição) em alguns participantes tenha uma causa mais sutil, não identificada pela observação direta e outros procedimentos de avaliação, como problemas fisiológicos, cognitivos e emocionais.

Não obstante a plausibilidade dessas explicações, elas não esgotam todas as possibilidades de análise. Preocupados com a baixa responsividade de crianças com distúrbios de comportamento aos programas convencionais de intervenção, alguns autores desenvolveram o conceito de "resistência à intervenção"[33], que é definida como a falha em produzir, como função de uma intervenção, a discrepância esperada entre os resultados finais e os níveis iniciais de desempenho. É importante que o psicólogo acompanhe as aquisições de cada criança e, no caso de "resistência à mudança", investigue os fatores relacionados para decisões sobre encaminhamentos posteriores.

Além dos fatores já referidos, pode estar ocorrendo reforçamento (até mesmo dos colegas do grupo) para comportamentos interferentes. Algumas vezes, uma so-

---

32. Michelson, Sugai, Wood e Kazdin (1983).
33. Ver: Gresham (1997); Nevin (1988).

5. Planejamento do programa de treinamento de habilidades sociais 99

licitação especial, feita a alguns membros do grupo, é suficiente para direcionar essas consequências reforçadoras a comportamentos mais adaptativos que estão sendo treinados. Quando o ambiente da criança não apoia seus novos comportamentos e os pais manifestam pouco interesse, a alternativa possível é ajudar a criança a lidar com essa situação, garantindo-lhe o acesso a reforçadores em outros ambientes. O facilitador pode, concomitantemente, auxiliar a criança a discriminar as ocasiões favoráveis e desfavoráveis para a emissão de certos comportamentos e a tolerar as possíveis reações adversas de seu ambiente.

6

Vivências em habilidades sociais para crianças

Não tenho um caminho novo.
O que tenho de novo é o jeito de
caminhar (Thiago de Mello).

Há várias décadas, os estudiosos da aprendizagem e do desenvolvimento vêm enfatizando a importância dos jogos e das brincadeiras como recursos para o ensino e para os processos terapêuticos[34], embora a efetividade do uso sistemático dos jogos e brincadeiras ainda careça de investigação empírica. Isso não obstante, em todas as tradições culturais, os jogos são utilizados com objetivos educacionais distintos como socialização, transmissão de valores e desenvolvimento de autonomia.

É nessa perspectiva que foi desenvolvido o método vivencial, tendo-se o cuidado de sistematizar e testar cada vivência, em suas características de: (a) material instrucional; (b) procedimento terapêutico ou educacional; (c) objetivos pretendidos. Com base em estudo anterior de descrição do método vivencial[35], no contexto de intervenção com crianças, o conceito de vivência pode ser resumido:

---

34. Goldstein e Goldstein (1992).
35. Del Prette e Del Prette (2001, p. 106-107).

6. Vivências em habilidades sociais para crianças

> Vivência é uma atividade de grupo, estruturada de modo análogo ou simbólico a situações cotidianas, que cria oportunidade para desempenhos específicos, permitindo que o facilitador avalie os comportamentos observados e utilize as contingências pertinentes para fortalecer e/ou ampliar o repertório de habilidades sociais dos participantes.

As vivências aqui apresentadas foram testadas em diversos programas, conduzidos por psicólogos, professores do Ensino Fundamental e, também, por estudantes de Psicologia, em treinamento na condução de grupos. Essa experiência permitiu: (a) definir a estrutura e as características de cada vivência; (b) aperfeiçoar os procedimentos utilizados; (c) elaborar roteiros para a condução das vivências; (d) constatar sua viabilidade e potencialidade na promoção das habilidades sociais das crianças.

1. Estrutura e característica das vivências

A estrutura e as características de cada vivência foram sistematizadas em roteiros escritos que orientam sua aplicação. Esses roteiros foram submetidos à avaliação de diversos colaboradores (alunos, professores e colegas), procedendo-se, quando necessário, às alterações que os tornaram mais consistentes quanto aos objetivos e procedimentos. Essa avaliação permitiu incluir algumas observações e variações derivadas da prática. Os roteiros finalmente elaborados contemplam os seguintes itens:

- *Título*. É o nome que identifica a vivência e que sugere o conteúdo, tema ou características do procedimento.

- *Objetivos*. Explicita as habilidades sociais que a vivência promove, classificadas em específicas (que são centrais na vivência em questão) e complementares (que podem ou não ser enfatizadas).

102 Parte II – Programa de treinamento de habilidades sociais

- *Série escolar*. Indica a série para a qual a vivência é recomendada, podendo, entretanto, ser adaptada para séries anteriores ou posteriores.

- *Materiais*. Enumera e descreve os objetos e instrumentos necessários à condução da vivência, inclusive os materiais produzidos especialmente para a sua realização, tais como: (a) textos de apoio, que apresentam noções sobre as habilidades a serem treinadas; (b) textos de estórias, que devem ser contadas no início, no meio ou no final da vivência; (c) fichas e folhas de exercícios, com figuras ou desenhos.

- *Procedimento*. Descreve detalhadamente os comportamentos e estratégias que o facilitador deve apresentar na condução da vivência e no uso do material prescrito, com indicação, inclusive, do tipo de interação que deve manter com as crianças.

- *Observações*. Traz informações sobre possíveis acontecimentos e reações, verificadas no uso da vivência, objetivando auxiliar o facilitador a conduzi-la mais produtivamente.

- *Variações*. Sugere alternativas de procedimentos e materiais que, sem descaracterizar a vivência, possibilitam a inclusão de outros objetivos (inclusive acadêmicos) ou sua adaptação a uma faixa etária diferente da que foi designada. A maioria das variações foi incluída após várias aplicações sendo, portanto, resultado direto da prática.

Considerando que a criança acima de seis anos passa grande parte do dia na escola, onde experimenta variadas demandas de habilidades sociais e que, além disso, sua aprendizagem acadêmica é preocupação dos professores, dos seus pais e dela própria, a maioria das vivências apresentadas neste livro foi planejada de forma a viabilizar ou facilitar a integração entre objetivos de promoção de habilidades sociais e objetivos acadêmicos. Assim, o facilitador (seja ele psicólogo escolar, clínico ou professor) pode ex-

6. Vivências em habilidades sociais para crianças

plorar os possíveis desdobramentos de cada vivência em termos de atividades acadêmicas ou, ainda, introduzir uma vivência a partir de determinados temas escolares.

2. Importância das vivências em programa de habilidades sociais para crianças

Com base na definição adotada, o método vivencial se caracteriza pelo uso de um conjunto de atividades estruturadas – as vivências – que trazem, para o contexto de treinamento, demandas para diferentes tipos de desempenhos sociais da criança e, para o facilitador, condições favoráveis à análise e intervenção sobre esses desempenhos.

> A metodologia vivencial viabiliza, no contexto terapêutico ou educativo, o desempenho, pela criança, de comportamentos sociais relevantes para a intervenção, estabelecendo condições para a utilização, pelo facilitador, de procedimentos cognitivo-comportamentais, tais como: instrução, modelagem, modelação, ensaio comportamental, *feedback*, reforçamento, esvanecimento, relaxamento, reestruturação cognitiva, ensino incidental.

Em termos mais detalhados, as condições estabelecidas pelo método vivencial criam, para o facilitador, oportunidades de:

- Observar o desempenho das crianças em diferentes situações e papéis, avaliando suas dificuldades, recursos, aquisições e progressos alcançados. Por exemplo, uma criança que quase sempre se adianta aos colegas para responder às questões, ao fazer tentativas de se controlar, deve receber *feedback* positivo das melhoras obtidas;

- Verificar se há ansiedade e em qual situação ela é mais forte, incentivando o relato de sentimentos, per-

104 Parte II – Programa de treinamento de habilidades sociais

cepções e cognições a ela associados; em muitas vivências, pode-se reduzir a ansiedade da criança em participar por meio de apoio dos demais membros do grupo (por exemplo, colocando-a em dupla com outra criança ou em pequenos grupos) e explorando-se sua participação em situações com menor nível de exigência;

● Introduzir dificuldades para fortalecer o desempenho e aumentar a probabilidade de generalização. Nas vivências, as tarefas são distribuídas de acordo com os recursos de cada criança. Ao melhorar seus recursos, estas podem receber tarefas gradualmente mais complexas e, adicionalmente, as tarefas previstas podem ser adaptadas de modo a se tornarem mais desafiadoras;

● Estabelecer, apresentar ou mediar consequências para desempenhos esperados (*feedback*, elogios verbais e gestuais) e, no caso de déficits de aquisição, reforçar e mediar reforçamento para desempenhos incipientes e gradualmente mais elaborados em direção à habilidade que se pretende instalar;

● Rever e alterar objetivos do programa de acordo com a velocidade de aprendizagem do grupo e de cada criança em particular;

● Melhorar o conhecimento sobre a cultura do grupo: à medida que as crianças reagem a demandas específicas (para expressar solidariedade, respeitar normas, relacionar-se com a mulher, o idoso etc.), ele vai conhecendo novos aspectos da cultura grupal, suas idiossincrasias e valores;

● Expor a criança a diferentes vivências, com demandas de desempenhos semelhantes, para promover a generalização. Por exemplo, uma criança com déficits de habilidades empáticas participaria de várias vivências em que deveria apresentar, em relação a diferentes interlocutores, habilidades de escutar o outro, interpretar suas necessidades e expressar apoio.

6. Vivências em habilidades sociais para crianças   105

A metodologia vivencial facilita, portanto, a organização do processo de intervenção, ao compor cenários de promoção de habilidades específicas que podem ser organizadas numa sequência gradualmente mais complexa de desempenhos interpessoais. Adicionalmente, o uso de vivências no Treinamento de Habilidades Sociais permite um maior envolvimento das crianças por se tratar de atividade bastante prazerosa. Expô-las, especialmente aquelas com maior dificuldade, a um processo de aprendizagem com custo de resposta ajustado às suas possibilidades e com pouca ou nenhuma aversividade, constitui estratégia importante para manter e aumentar sua motivação para as tarefas do programa, condição básica para a consecução dos objetivos.

3. Requisitos para a condução de vivências com crianças

A motivação do facilitador para ajudar a criança a superar suas dificuldades interpessoais é condição necessária, porém não suficiente, para a implementação de programas vivenciais minimamente efetivos. Além de todos os cuidados referidos no planejamento do programa em grupo, a condução de vivências com crianças se apoia em alguns requisitos técnicos e éticos do facilitador (psicólogo clínico, escolar, professor) que se propõe a esse empreendimento. Entre tais requisitos, pode-se destacar:

1) *Qualificação na área*. No caso do psicólogo, envolve treinamento teórico/prático específico, recomendando-se, também, a participação prévia como membro de um grupo e, posteriormente, como condutor (facilitador)[36]. Em nossa experiência com psicólogos recém-graduados, defendemos um mínimo de trinta horas de direção de grupo, realizadas como coterapeuta, sob supervisão. Os demais profissionais devem possuir treinamento

---

36. Ver: Michelson, Sugai, Wood e Kazdin (1983); Merrell e Gimpel (1998).

106 Parte II – Programa de treinamento de habilidades sociais

adicional supervisionado para conduzir programas de Treinamento de Habilidades Sociais com crianças.

2) *Conhecimento sobre os princípios de aprendizagem.* É importante a compreensão sobre os processos de aprendizagem, especialmente o operante, o respondente e o observacional[37], entendendo-se que: (a) tanto os comportamentos adequados da criança, como os inadequados, são aprendidos; (b) o repertório de comportamentos de entrada (o que a criança traz para o programa) é produto de sua interação passada e presente com o ambiente e, portanto, é o melhor que ela pode apresentar no momento; (c) a aprendizagem de novos comportamentos é possível na medida em que se criam condições favoráveis.

3) *Habilidades específicas.* As principais habilidades para conduzir programas de Treinamento de Habilidades Sociais em grupo são: (a) observação acurada de comportamento, aqui incluindo a capacidade de estabelecer relações funcionais entre respostas e condições antecedentes ou consequentes; (b) automonitoria; (c) controle emocional; (d) comunicação verbal/não verbal efetiva; (e) empatia diante das dificuldades e aquisições das crianças; (f) manejo de condições eliciadoras e consequenciadoras de comportamentos (*prompty*, perguntas, modelos, *feedback*, elogio etc.).

4) *Participação no planejamento do programa e conhecimento da clientela.* Embora se possa contar com programas planejados para clientelas específicas e com auxiliares para a avaliação e planejamento, na medida do possível o facilitador que vai conduzir as sessões deve participar das etapas de planejamento e/ou escolha do programa para estar em condições de realizar os ajustes necessários, em função das características dos participantes.

---

37. A aprendizagem observacional, também denominada de vicária ou social, é aqui colocada como processo diferenciado do operante e respondente, tendo como base a Teoria da Aprendizagem Social de Bandura (Ríos, Del Prette & Del Prette, 2001).

6. Vivências em habilidades sociais para crianças

5. Respeito às recomendações éticas. O facilitador deve estar consciente e comprometido com a ética e atento a aspectos tais como: (a) objetivos (validade social e bem-estar das crianças); (b) procedimentos (consentimento livre e esclarecido); (c) consequências e desdobramentos da participação das crianças no ambiente escolar e familiar (busca de equilíbrio nas relações).

4. Seleção e organização das vivências para um programa de intervenção

A proposta de uma metodologia vivencial implica em selecionar as vivências que estabelecem o contexto e as demandas para a emissão dos desempenhos interpessoais correspondentes aos objetivos do programa de intervenção. A escolha das que serão inseridas no programa deve estar baseada, portanto, no ajuste de seus objetivos às necessidades e recursos dos participantes, conforme identificados na avaliação prévia. Além disso, como os objetivos do programa são organizados em uma sequência crescente de complexidade, a organização das vivências ao longo do programa deve ajustar-se a esse critério. Para facilitar a seleção das vivências é importante levar em conta:

- *Necessidades gerais do grupo.* Na escolha das vivências, considerar as dificuldades comuns à maioria das crianças, garantindo ampla participação de todas. Por exemplo, se a maioria das crianças apresenta dificuldade nas habilidades de fazer amizade, as vivências que criam condições para a promoção dessas habilidades seriam priorizadas e exploradas em suas múltiplas variações, de modo a ampliar as oportunidades de aprendizagem de todos os participantes.

- *Necessidades específicas.* Para crianças com déficits específicos, escolher vivências cujos objetivos contribuem para a superação desses déficits, privilegiando a participação dessas crianças em tais vivências. Por

108   Parte II – Programa de treinamento de habilidades sociais

exemplo, crianças com baixa frequência em desempenho de responder perguntas seriam mais diretamente envolvidas nas vivências que contemplam esse desempenho.

- *Recursos do grupo.* Priorizar vivências cuja complexidade de conteúdo e/ou de procedimento se ajusta melhor à faixa etária e às possibilidades de compreensão do grupo. Essa característica diz respeito ao conhecimento do repertório de habilidades do grupo e de cada um de seus participantes em particular.

Quanto à ordenação das vivências ao longo do programa, é importante organizá-las de acordo com os objetivos das sessões que devem ser gradualmente mais complexos e, periodicamente revistos em função das aquisições do grupo. Em outras palavras, embora se possa definir, logo no início, uma sequência gradualmente mais complexa de objetivos e vivências, esse planejamento pode ser alterado em função do desempenho dos participantes, tanto nas sessões quanto nas tarefas de casa.

5. Organização e condução de uma sessão de vivências

As sessões do programa devem ser cuidadosamente planejadas, recomendando-se ao facilitador que estude previamente as vivências. Além disso, o facilitador deve preparar com antecedência os equipamentos e os materiais indicados, planejando o tempo, o local destinado a cada vivência, as tarefas de casa e as formas de avaliação da efetividade de uma vivência ou sequência de vivências.

Embora a condução de um programa vivencial com grupo de crianças requeira, *a priori*, algumas habilidades específicas do profissional, a efetividade do processo depende, ainda, de garantir:

- Participação simultânea de todas as crianças, por meio da distribuição de tarefas a todas. Por exemplo, aquelas que não estão sendo objeto do treinamento podem ser incumbidas de observarem e descreve-

6. Vivências em habilidades sociais para crianças 109

rem o desempenho das demais; havendo necessidade, a vivência pode ser repetida invertendo-se as incumbências;

- Igualdade de oportunidades para a participação de todas as crianças nos papéis centrais e complementares das vivências, tendo em vista suas necessidades específicas;

- Aproveitamento máximo de todo o potencial de cada vivência, fortalecendo-se a motivação e a aprendizagem de novos comportamentos com pequenas variações e aumentando-se gradualmente as exigências de desempenho.

A condução das sessões pode ser gradualmente aperfeiçoada por meio de *feedbacks* ao facilitador, providos por um observador (coterapeuta ou segundo facilitador) e / ou utilizando-se o recurso de videogravação. O recurso de videogravação pode também ser utilizado em reuniões com os pais visando a orientação sobre a consequenciação dos novos desempenhos aprendidos pela criança.

Parte III

Habilidades sociais relevantes: Análise e intervenção

Tentei descrever os tipos de experiência que passam a fazer parte de uma forma de educar crianças e de ver o mundo – uma forma que inclua o passado e o futuro como aspectos presentes – o presente de qualquer geração (Margaret Mead).

7

Autocontrole e expressividade emocional

Nós todos somos controlados pelo mundo no qual vivemos... A questão é esta: nós seremos controlados pelo acaso, por tiranos ou por nós mesmos?
(B.F. Skinner).

Vivemos em uma sociedade complexa que dispõe de uma tecnologia extraordinária. Podemos assistir, quase simultaneamente, acontecimentos que ocorrem em outras partes do mundo, como uma ópera em Pequim ou um bombardeio no Iraque. Falamos de casas inteligentes, que se movimentam conforme a mudança de posição da Terra em relação ao Sol, imitando o processo de fototropismo das plantas. Anunciamos para breve o mapeamento de todos os genes humanos e já nos alimentamos de produtos geneticamente alterados. Entretanto, apesar de todo esse avanço, pouco sabemos sobre nossas emoções e sobre como lidar com elas.

Experimentar uma emoção nem sempre significa expressá-la. Em muitos casos, a pessoa sabe se está ou não expressando o que sente, mas isso não é uma regra geral. Pais e professores identificam as emoções que a criança expressa com base, principalmente, na sua comunicação não verbal e ela própria é, também, capaz de interpretar corretamente o que um adulto ou colega está expressan-

114 Parte III – Habilidades sociais relevantes: análise e intervenção

do e de reagir a isso. A comunicação não verbal é a base para a expressão de emoções, mas, em muitas situações, é também necessária a capacidade de explicitar, com verbalizações coerentes, o que se sente e se deseja transmitir.

> Quando se vive em um ambiente pouco expressivo em termos emocionais, com pais e outros familiares bloqueando, punindo ou ignorando as manifestações da criança, ela pode desenvolver formas de disfarce das emoções, evitar situações em que pode se emocionar e encontrar dificuldade nos relacionamentos afetivos.

1. O que são emoções?

Não existe uma resposta consensual a essa pergunta. Desde muito tempo se procura entender a emoção. Primeiro foram os filósofos, depois a Medicina em suas diversas especialidades. Em seguida, vieram as contribuições da Psicologia, Pedagogia, Biologia e, mais recentemente, Neuropsicologia e Biologia Molecular. Isto sem falar da Antropologia Cultural, Genética, Semiótica e Etologia. Os conhecimentos atualmente disponíveis permitem algumas considerações sobre o tema e sobre sua utilização nos processos educativos e terapêuticos.

Uma pesquisadora norte-americana[1] realizou extensa revisão de estudos nessa área, encontrando cinco componentes citados como os mais comumente presentes nas emoções. Embora tais componentes ocorram muito rapidamente, pode-se observá-los direta ou indiretamente em situações controladas. São eles:

1) Acontecimentos precipitadores;

2) Avaliação;

3) Mudanças fisiológicas;

---

1. Planalp (1999).

7. Autocontrole e expressividade emocional   115

4) Tendência para a expressão e ação;

5) Regulação.

Os itens 1, 3 e 4 podem ser objetos de observação direta. Por exemplo, uma criança se aproxima com gestos ameaçadores (1) de um colega, que modifica seu ritmo de respiração, contrai a pálpebra, dilata as narinas, abre e fecha a boca (3), gira o corpo e prepara-se para correr (4). Os eventos precipitadores são capazes de gerar emoções alternadas. Raiva, medo, mágoa podem se fazer presentes no exemplo acima. Por outro lado, situações semelhantes àquela já vivida e, até mesmo, a simples lembrança delas, podem evocar as mesmas emoções, traduzindo-se nas reações fisiológicas correspondentes (3).

Os itens 2 e 5, inferidos a partir do relato das pessoas, devem ser abordados com mais detalhe. O tipo de avaliação que fazemos de um evento é que lhe dá a característica de "acontecimento precipitador". No exemplo anterior, uma outra criança poderia fazer uma avaliação diferente sobre os gestos e a intenção do menino que se aproxima e, então, não sentir medo nem raiva, ignorando-o ou mesmo aproximando-se dele. Essa avaliação depende da experiência anterior com o evento ou com estímulos a ele associados.

A experiência direta com associação de estímulos não é, porém, a única maneira de aprendermos novas respostas emocionais. Quando uma criança assusta-se com sua mãe gritando diante de uma barata e ouve-a dizer, à guisa de justificativa, tratar-se de um inseto nocivo, pode estar em curso um tipo de aprendizagem denominado de observacional. A criança aprende a: (a) avaliar e classificar a proximidade da barata como algo ameaçador; (b) imitar a reação da mãe. Em outros momentos, e para outros estímulos, a mera classificação de eventos como ameaçadores, por parte da comunidade verbal (pais, colegas, professores), mesmo sem experiência direta com eles, pode ser suficiente para gerar as reações fisiológicas de medo.

116   Parte III – Habilidades sociais relevantes: análise e intervenção

A regulação envolve a capacidade de interferir na sequência dos componentes, podendo-se iniciar pelo item 2 (avaliação ou reavaliação do evento precipitador) e, com isso, alterar as próprias reações (itens 3 e 4). No exemplo anterior, se a criança tiver experiências com situações que a dessensibilizem diante da barata, pode deixar de apresentar as reações fisiológicas anteriores. Outra alternativa é a de controlar as mudanças fisiológicas e a tendência para a expressão de medo, ainda que mantendo a mesma avaliação. É o caso, por exemplo, da criança que procura se mostrar descontraída, fingindo ignorar a expressão hostil de dois garotos da vizinhança e, com isso, altera a situação ameaçadora. A avaliação e a regulação são comportamentos encobertos[2], frequentemente seguidos por comportamentos manifestos. O controle desses encobertos pode interromper a sua sequência manifesta.

2. Como funcionam as emoções

A maioria das pessoas não lida bem com as emoções. Em grande parte isto acontece porque a educação não as preparou para o exercício da racionalidade, negligenciando os aspectos ligados ao sentimento. Não podemos continuar agindo assim com nossas crianças. A aprendizagem sobre como lidar com as diferentes emoções ocorre geralmente por tentativas que, quando bem-sucedidas, se fortalecem. Portanto, é possível planejar melhor esse tipo de aprendizagem, proporcionando às crianças formas adequadas de lidar com suas emoções, tanto quanto com a racionalidade[3].

A maioria dos comportamentos inclui as emoções. Isto não significa que a emoção, em si, seja a causa do

---

2. Sobre comportamentos encobertos como eventos antecedentes há uma análise interessante com explicitação da posição de Skinner em Meyer (2003).

3. Damásio (1994/1998).

7. Autocontrole e expressividade emocional 117

comportamento[4] supondo-a como um impulso, ou algo dentro do organismo, mas sim que as reações fisiológicas, que caracterizam o estado emocional associado à interpretação sobre o valor dos eventos que desencadeiam essas reações, medeiam outras respostas abertas (verbais e não verbais) ou encobertas (pensamentos e sensações) de expressividade emocional.

O processamento das reações emocionais ocorre em áreas diferenciadas, dependendo de como os estímulos são classificados. As reações diante de várias situações cotidianas são ativadas pelos sistemas neocórtex e amígdala. Se a situação não envolve emoção, a reação é comandada pelo neocórtex. Em caso contrário, a amígdala intervém. Além de ativar rapidamente a ação do organismo, a amígdala funciona como um depósito de lembranças das experiências emocionais do indivíduo.

Os problemas com os quais nos defrontamos, especialmente os de natureza moral, não são resolvidos de maneira apenas racional. Suponha que alguém lhe pergunte qual a raiz quadrada de 125 ou sua preferência por cinema em relação ao teatro. Se você não teve experiências excessivamente negativas com essas situações, suas respostas, imediatas ou demoradas, serão governadas unicamente pela razão. Tais problemas, por mais complexos que sejam, não mexem com outro sistema a não ser aquele ligado à razão. Considere, entretanto, uma indagação do tipo: *Você atiraria em uma pessoa para salvar outras cinco?* Tal questão tem alta probabilidade de funcionar como um acontecimento precipitador de emoção, pois sugere um dilema moral, ético ou religioso, de difícil decisão, que resulta em um impacto formidável sobre os demais e, consequentemente, sobre você mesmo. Nesse caso, sua resposta estaria sob o controle da parte emocional do cérebro.

---

4. Ver, por exemplo: Kohlenberg e Tsai (2001); Skinner (1974).

> Quando uma pessoa vive experiência similar àquela em que houve demanda emocional, as lembranças podem ser ativadas ocorrendo, então, alta probabilidade de que ela se comporte de maneira parecida com a ocasião anterior. Pode-se dizer, em uma perspectiva da neuropsicologia, que a lembrança de eventos precipitadores similares "conta", para o organismo, como ele reagiu anteriormente e induz reações semelhantes.

3. Habilidades de autocontrole e expressividade emocional

Conforme se pode deduzir das seções anteriores, algumas habilidades são componentes indispensáveis da classe *autocontrole e expressividade emocional*. Pode-se destacar aqui:

- Reconhecer e nomear as emoções próprias e dos outros;
- Falar sobre emoções e sentimentos;
- Expressar emoções (positivas e negativas);
- Acalmar-se, lidar com os próprios sentimentos, controlar o próprio humor;
- Lidar com sentimentos negativos (vergonha, raiva, medo);
- Tolerar frustrações;
- Mostrar espírito esportivo.

4. Ajudando a criança a reconhecer emoção

Há uma relação paralela entre emoção e habilidades sociais, embora muito mais na perspectiva prática do que teórica. Não é possível separar emoção de pensamento e de ação. Crianças com pouco mais de cinco anos dominam computadores de última geração, mas são incapazes

7. Autocontrole e expressividade emocional 119

de nomear o que sentem em várias situações[5] por não terem recebido dos adultos nenhuma orientação ou ajuda nessa área.

Falar sobre os sentimentos e nomear as emoções são habilidades importantes que ajudam a criança a transformar uma sensação assustadora e incômoda em algo definível e natural[6], o que pode ter um efeito calmante imediato. Além disso, ao falar sobre seus sentimentos em determinada situação, a criança fornece pistas sobre seu comportamento e as condições em que ele ocorreu, além de sinalizar quanto a prováveis condições relacionadas ao seu comportamento atual e futuro[7].

> Em sua maioria, os pais e professores desejam ser justos com as crianças, tratá-las com respeito e carinho e ajudá-las a serem felizes. Apesar disso, sentem-se muitas vezes malogrados em suas tentativas, pois há uma distância entre esse desejo e o domínio dos processos para atingir esses objetivos. Para ajudar as crianças a lidarem com as emoções, eles precisam rever os procedimentos que vêm utilizando, compreender as expressões emocionais como oportunidade de troca de intimidade e confidências, e, em alguns casos, recorrer à ajuda de um psicólogo.

A orientação que segue corresponde a uma etapa de preparação para o desenvolvimento de habilidades sociais, na qual lidar com a emoção constitui um item importante. Essa preparação envolve a familiaridade de psicólogos, pais e professores com os passos a seguir especificados:

a) *Identificar a emoção*. A partir da observação da criança, torna-se possível identificar emoções tais como

---

5. Paula e Del Prette (1998).

6. Garcia-Serpa, Meyer e Del Prette (2003).

7. Meyer (1997).

120 Parte III – Habilidades sociais relevantes: análise e intervenção

tristeza, raiva, alegria, ressentimento, medo, vergonha e desespero. Algumas emoções são mais facilmente identificadas porque já são conhecidas as formas verbais e não verbais que as caracterizam[8]. No medo, por exemplo, tanto as alterações fisiológicas como as expressões faciais e corporais são bem evidentes: tremores, sudorese, perturbação da fala e postura de proteção. Há casos em que uma emoção pode ser disfarçada ou dissimulada em outra, o que exige maior argúcia em sua identificação. Crianças que sentem medo no ambiente escolar se mostram arredias e agressivas, como se buscassem disfarçá-lo ou procuram manter a autoestima, ensaiando outras estratégias de enfrentamento.

b) *Conversar*. É importante criar oportunidade de diálogo, dispor-se a ouvir (mais do que falar) e evitar censuras para que a criança se sinta à vontade em suas confidências. Frequentemente, as crianças querem falar, contar coisas e sondar a posição dos adultos, acalmando-se quando têm oportunidade de descrever o que estão sentindo.

c) *Validar o sentimento*. Trata-se de aceitar o sentimento da criança mesmo que este pareça exagerado ou impertinente. Nesse caso, nunca negar o sentimento, seja qual for, nem ridicularizá-lo ou considerá-lo algo sem importância.

d) *Auxiliar a identificação de emoções*. Ajudar a criança para que ela própria vá fazendo suas descobertas sobre o que está experimentando significa não impor a própria classificação ou denominação para os sentimentos da criança. Nessa busca, podem ser sugeridos vários termos que designam sentimentos e des-

---

8. Paul Ekman e sua equipe realizaram inúmeras pesquisas demonstrando a capacidade das pessoas de interpretarem corretamente as emoções a partir das observações das expressões. Ver: Ekman (1985); Ekman e Friesen (1971).

7. Autocontrole e expressividade emocional 121

crições de suas características, incentivando a criança a selecionar o que lhe pareça mais aplicável.

e) *Revisitar o assunto*. Recomenda-se procurar um momento propício para novamente conversar com a criança sobre o sentimento antes identificado e verificar se tal sentimento ainda persiste ou já foi superado. Caso a criança não queira conversar sobre o assunto, recomenda-se não insistir, aguardando outra ocasião.

f) *Promover atividades facilitadoras*. Outra alternativa para ajudar a criança a identificar suas emoções é a de incentivar sua participação em atividades que exigem expressão emocional, tais como teatro, cinema, dança e leitura de contos ou poesias. Na medida do possível envolver-se nessas atividades, participando com a criança.

As estratégias citadas, embora bastante úteis, não substituem os procedimentos específicos usados para a promoção de habilidades sociais, mas atuam como coadjuvantes em um planejamento educativo que considere, de forma integrada, o desenvolvimento emocional e interpessoal da criança.

Conhecer as próprias emoções e saber lidar com elas é parte crucial do desenvolvimento interpessoal e componente crítico da competência social em praticamente todas as situações e demandas que ocorrem no cotidiano. Essa capacidade refere-se à expressão verbal e não verbal das emoções. Em ambos os casos, é crucial o papel das condições estabelecidas pela comunidade verbal para a nomeação e a expressão das emoções compartilhadas pela cultura e também para o autoconhecimento e autocontrole emocional.

> A identificação das emoções, em si e nos outros, juntamente com a adequada leitura dos sinais sociais do ambiente (momento, contexto, consequências prováveis) são condições necessárias para a criança se decidir pelo controle ou pela expressão adequada de uma emoção.

122 Parte III – Habilidades sociais relevantes: análise e intervenção

Um mínimo de controle emocional é esperado em muitas situações, mas para algumas crianças, mesmo esse mínimo pode ser bastante difícil, exigindo procedimentos especiais de ensino, principalmente no caso de emoções como a raiva, a frustração e o medo. Lidar com essas emoções implica em controle da impulsividade, também visto como uma das habilidades básicas de prontidão para o processo de solução de problemas e tomada de decisão (capítulo 11). Para obter esse controle, alguns autores[9] recorrem a técnicas cognitivas do tipo *Acalme-se, relaxe e pense antes de agir*. Nesse caso, o facilitador pede para a criança identificar situações onde deve se acalmar antes de reagir, ensina-a a relaxar e exercita, com ela, o acalmar-se em diferentes situações, pedindo-lhe que verbalize o que está pensando e sentindo, primeiro em voz alta e depois para si mesma. Essa atividade pode também ser realizada em grupo, explorando-se outros procedimentos cognitivo-comportamentais[10].

5. Vivências

Considerando os passos sugeridos anteriormente para a decodificação das emoções, o autocontrole e a expressividade e, tendo em vista que a criança necessita aprender a identificar a emoção, nomeá-la segundo a comunidade verbal (cultura) e decidir-se quanto à conveniência de expressá-la ou não, apresentamos, a seguir, algumas vivências que contemplam essas várias habilidades. O facilitador pode, também, criar novas vivências ou recorrer a outras já publicadas[11], por exemplo, *Reconhecendo e comunicando emoções; Contar e modificar uma estória; A descoberta do corpo.*

---

9. Weissberg, Jackson e Shriver (1993).
10. Ver: Dattilio e Kendall (2004); Rangé (1995a; 2001).
11. Del Prette e Del Prette (2001).

7. Autocontrole e expressividade emocional

CAIXINHA DE SENTIMENTOS

Objetivos
Específicos

Séries sugeridas: todas

- Identificar sentimentos
- Dar nomes aos sentimentos
- Identificar situações e ações associadas aos sentimentos

Complementares

- Falar de si
- Prestar atenção
- Responder e fazer perguntas

Material

- Caneta hidrográfica
- Uma caixa de papelão pequena, com escrito por fora: **CAIXINHA DE** _____
- Tiras de papel com nomes de sentimentos (medo, raiva, tristeza, alegria, surpresa, nojo, entre outros) ou desenhos que representem esses sentimentos;
- História escrita em um cartão, ou folha de papel: **A CAIXA DE PANDORA**.

A CAIXA DE PANDORA

Há muito tempo atrás, as pessoas acreditavam na existência de diferentes deuses. Existia o deus do mar que se chamava Netuno, o deus da guerra, cujo nome era Marte, a deusa da sabedoria que era chamada de Minerva e assim por diante. Os deuses, segundo se acreditava, viviam em um lugar chamado Olimpo e apareciam frequentemente aos homens.

Conta-se que um desses deuses entregou a uma jovem, chamada Pandora, uma caixa fechada para ela

124 Parte III – Habilidades sociais relevantes: análise e intervenção

guardar, semelhante a esta que eu tenho na mão. Aquele deus disse que o conteúdo da caixa não podia ser revelado a ninguém e que cabia a ela a tarefa de proteger a caixa com muito cuidado. Pandora, então, guardou a caixa e nada disse para suas amigas, nem para seus familiares.

Com o passar dos dias, Pandora foi ficando cada vez mais curiosa para saber o que continha aquela caixinha misteriosa. Ela não se cansava de examiná-la. Apertava, balançava, colocava junto aos ouvidos, de um lado, de outro e nada ouvia. Por fim, chegou à conclusão de que só poderia descobrir o mistério se abrisse a caixa. Mas a recomendação recebida era que a caixa não deveria ser aberta (1).

Pandora foi ficando cada vez mais desesperada. Até que um dia (2), não resistindo mais, Pandora abriu a caixa! Vocês nem podem imaginar o que aconteceu! (pausa) De repente, pularam da caixa umas coisas estranhas, com diferentes cores, difícil de saber o que eram. Essas coisas se multiplicavam rapidamente e entravam nas pessoas.

Foi aí que todo mundo, todo mundo mesmo, ficou com sentimentos de medo, alegria, surpresa, raiva, amor, ódio e tantos outros. Alguns desses sentimentos traziam felicidade, bem-estar; outros traziam desconforto, infelicidade. Ela percebeu que faltava um único sentimento para sair e então fechou a caixa rapidamente impedindo que ele saltasse para fora.

Aquele deus logo ficou sabendo o que Pandora havia feito e veio voando muito zangado. Ao chegar, foi logo perguntando:

– *Pandora, o que você fez?* (voz grossa e alta) (3)

Pandora tremeu, a boca secou, os olhos se abriram bastante e ela pensou em se esconder, mas viu que isso era impossível. Então resolveu enfrentar a situação, porque enganar as pessoas com mentiras, isso ela não fazia. Ela respondeu à pergunta do deus:

– *Olha, de fato eu errei ao abrir a caixa. Minha curiosidade foi muito grande. Mas acho que teve um lado positivo por-*

7. Autocontrole e expressividade emocional

que todo mundo precisa ter sentimentos. Para compensar minha falta, disponho-me a ajudar as pessoas a identificarem seus sentimentos. Logo de cara todo mundo deve saber que bem lá no fundo do nosso cérebro existe uma caixinha do sentimento. Além disso, o último sentimento que não saiu, (4) é o da (pausa) esperança. Assim, quando todos os sentimentos forem vividos pelas pessoas, nada mais restando, elas podem abrir a caixa e deixar que a esperança tome conta delas. (5)

Desse dia em diante, todas as pessoas do mundo inteiro passaram a ter diferentes sentimentos e, de vez em quando, dependendo da situação que estão vivendo, os sentimentos saem lá da caixinha e se refletem no corpo todo delas. Aparecem principalmente no olhar de cada um. É por isso que adivinhamos, olhando o rosto e os olhos de cada pessoa, o medo, a raiva, a amizade, o desprezo, a esperança, o amor.

Procedimento

Antes de iniciar a vivência o facilitador deve ler e memorizar a história, treinando contá-la com bastante expressividade. Para começar a vivência, o facilitador pede para as crianças prestarem bastante atenção. Mostra a elas uma caixa de papelão fechada, onde está escrito em letras grandes: CAIXINHA DE _____ (e um traço para se completar). Pede para uma criança ler o que está escrito. Se a leitura foi feita corretamente, acrescenta: *Isso mesmo! A Maria leu corretamente!* Caso contrário, auxilia a criança na leitura.

Continuando faz uma pergunta: *O que vocês acham que tem dentro dessa caixa?* Espera que várias crianças se manifestem e, em seguida, diz que logo elas saberão. Recomenda o máximo de atenção para a história que vai contar. Narra a história, intercalando com algumas perguntas (indicadas no texto), como, por exemplo:

(1) *O que vocês fariam se recebessem uma caixa para guardar sem saber o conteúdo dela?*

(2) *Adivinhem o que ela fez?*

126 Parte III – Habilidades sociais relevantes: análise e intervenção

(3) *Quando o deus fez essa pergunta, qual foi o sentimento de Pandora?*

(4) *Qual vocês acham que era esse último sentimento?*

(5) *Ao enfrentar a situação, que sentimento ela possuía?*

Em seguida, pergunta novamente sobre o que contém aquela caixa que ela tem nas mãos (é esperado que todas as crianças ou a maioria acertem a resposta). O facilitador escreve na caixa, ou pede para uma criança escrever, na parte para completar: SENTIMENTOS.

Diz que, como Pandora já havia aberto a outra caixa, ele também vai abrir aquela que tem em mãos. Abrindo-a, mostra às crianças que a caixa contém vários pedaços de papel com nomes de sentimentos. Pede que cada criança retire um papel, leia o que está escrito, mas não mostre a ninguém nesse momento. Então, solicita que cada uma:

a) descreva como o corpo reage quando está com aquele sentimento;

b) anote uma situação que produz aquele sentimento;

c) indique o que faz nessa situação.

Em seguida, o facilitador solicita a algumas crianças (sorteadas ou escolhidas) que demonstrem, com a expressão do rosto, gestos, posição do corpo (sem falar), o sentimento que recebeu na sua tira de papel, para o restante do grupo adivinhar. Finalizando, fala sobre a importância de se conhecer os próprios sentimentos e saber lidar com eles.

Observações

- A história é uma adaptação livre, feita pelos autores, do mito grego de Pandora (ver Thomas Bulfinch, *O livro de ouro da mitologia: Histórias de deuses e heróis,* Rio de Janeiro, Ediouro, 2001).

- Durante a tarefa, pode ser necessário explicar que: (a) a expressão de alguns sentimentos é muito pareci-

7. Autocontrole e expressividade emocional

da com a expressão de outros, daí os muitos nomes serem sugeridos para um mesmo desempenho; (b) pequenas variações na expressão podem nos levar a supor um ou mais sentimentos, daí a necessidade de se observar com atenção esses pequenos sinais para uma identificação correta.

Variações

• Uma variação possível inclui o trabalho em duplas, para a criação de uma história em que os personagens devem manifestar alguns sentimentos positivos, como a compaixão, a solidariedade, a amizade etc. A tarefa deve ser distribuída pelo facilitador de acordo com as necessidades de cada dupla.

• O facilitador pode convidar uma criança para assumir o papel de Pandora, colocando-a a seu lado enquanto conta a estória, interagindo com ela para que demonstre curiosidade em abrir a caixa, responder às perguntas do deus, simular a saída dos sentimentos da caixinha (distribuindo as tiras de papel com o nome dos sentimentos para os demais) etc.

OS SENTIMENTOS TÊM CORES

Objetivos

Séries sugeridas: 3ª a 6ª

Específicos
• Identificar sentimentos
• Nomear sentimentos
• Controlar sentimentos

Complementares
• Falar de si
• Falar dos sentimentos das pessoas
• Prestar atenção

Material

- Lápis de cor
- Ficha com vários desenhos de pessoas expressando diferentes sentimentos (medo, tristeza, alegria, vergonha, raiva, esperança, desânimo, surpresa, ciúme), cada um deles com uma linha para a criança escrever o nome do sentimento, uma linha para colorir a cor do sentimento e linhas adicionais para justificar sua escolha sobre a cor (o facilitador pode produzir outras fichas com figuras ou desenhos recortados de revistas para ilustrar outros sentimentos).

Nome: _____ Série:____ Data:___/___/____

Profa. _____

Sentimento: _____

Cor: [_____]

Porque: _____

Sentimento: _____

Cor: [_____]

Porque: _____

7. Autocontrole e expressividade emocional

Nome: _____ Série:____ Data:___/___/___
Profa. _____

Sentimento: _____

Cor: [   ]

Porque: _____

Sentimento: _____

Cor: [   ]

Porque: _____

Sentimento: _____

Cor: [   ]

Porque: _____

Sentimento: _____

Cor: [   ]

Porque: _____

Procedimento

O facilitador escreve, no quadro, algumas perguntas sobre o conteúdo da vivência. Por exemplo:

- *Os sentimentos têm cores?*
- *Qual seria a cor da raiva?*
- *O azul poderia representar a vergonha?*
- *Que cor poderíamos dar ao medo?*

Pede que as crianças não respondam ainda a essas perguntas e entrega, a cada uma delas, uma ficha ilustrando um sentimento diferente, pedindo para escrever a cor do sentimento e por que escolheu aquela cor. Se as crianças ainda não sabem escrever os nomes das cores, o facilitador pode pedir que apenas pintem o quadradinho da cor que escolheram no lugar indicado, dispensando a justificativa escrita. Dá um tempo de aproximadamente dez minutos para essa parte da vivência. Após esse tempo, recolhe os desenhos, comprometendo-se a trazer, em outra ocasião, o resultado (o retorno deve ser o mais imediato possível).

Na sequência, apresenta o resultado sobre qual foi a cor predominante atribuída a cada sentimento. Coloca o resultado no quadro e discute com as crianças o significado de dar cores aos sentimentos. Enfatiza que, ao identificar em si mesmo um sentimento, por exemplo, a inveja, a pessoa pode associá-lo a uma cor e que isso a ajuda a controlar esse sentimento. Explica que essa associação funciona como mnemônico (lembrete).

Para finalizar, seleciona um sentimento associado a ações positivas, por exemplo, a alegria e a sua cor associada, atribuindo a vários grupos (define os grupos no momento) a tarefa de fazer um desenho com a inscrição ALEGRIA. O desenho deverá ser afixado em local bem visível da sala, permanecendo ali por três dias, sendo sucessivamente substituído por outros.

7. Autocontrole e expressividade emocional

Observações

- Existem algumas cores tradicionalmente associadas a certos sentimentos como, por exemplo, o verde é a cor da inveja, o roxo da raiva, o amor é azul, a paixão é vermelha, o amarelo é desapontamento, decepção etc. Observam-se, na literatura, expressões do tipo: *Antônio ficou verde de inveja; Marcela estava vermelha de raiva; O jovem, desapontado, não conseguiu evitar o sorriso amarelo.*

Variações

- Dependendo da idade do grupo, o facilitador pode solicitar que os participantes associem várias ações aos sentimentos positivos. Por exemplo, medo pode ser relacionado a correr, tremer, chorar, pedir ajuda, fugir etc.; esperança pode ser relacionada a procura de ajuda, realizar trabalhos, falar sobre a própria situação, sorrir, procurar amigos etc.

- Pode-se incentivar a leitura, pedindo-se às crianças que pintaram o mesmo sentimento que troquem os escritos e leiam para o grupo o que o colega escreveu.

- Pode-se solicitar que as crianças pintem a cor do sentimento nos cabelos do personagem ou no rosto ou no fundo do quadradinho.

EU TENHO SENTIMENTOS

Objetivos
Específicos

> Séries sugeridas: 1ª a 4ª séries

- Perceber os próprios sentimentos
- Identificar a variedade de sentimentos que podemos ter
- Nomear sentimentos

Complementares

- Falar de si
- Prestar atenção
- Responder e fazer perguntas
- Reconhecer sentimentos do colega

Material

- Uma ficha com um desenho diferente para cada criança, cada uma delas ilustrando um personagem em situação que gera uma emoção específica mas sem aparecer os rostos. Seguem exemplos de fichas.

7. Autocontrole e expressividade emocional

- Uma ficha para cada criança com "carinhas" para assinalar a emoção desse personagem.

Procedimento

O facilitador apresenta, inicialmente, apenas o desenho das carinhas expressando emoções de alegria, tristeza, medo e raiva e pede que os participantes nomeiem os sentimentos ali expressos. Nesse momento, indica algumas crianças para expressarem no rosto o sentimento que identificam na ilustração e para os demais avaliarem o que ficou parecido (sobrancelhas, testa, boca, nariz etc.). Então avisa:

> *Eu vou entregar uma ficha para cada um. Na ficha aparecem situações de crianças experimentando emoções. Vocês deverão descobrir o que o personagem está sentindo, marcando, na ficha, o rosto que corresponde ao sentimento que identificaram e escrever o nome desse sentimento que vocês acham que ele está tendo.*

134 Parte III – Habilidades sociais relevantes: análise e intervenção

Distribui as fichas e supervisiona a atividade, explicando que o trabalho é individual. Depois, pede que as crianças se reúnam em duplas e contem uma para a outra:

(a) *Qual foi o sentimento que identificaram;*

(b) *Se também teriam esse sentimento nessa situação;*

(c) *O que fazem quando se sentem dessa maneira.*

Ao final, o facilitador junta algumas duplas em pequenos grupos e pede a cada grupo que apresente aos demais o que discutiram (perguntas a, b e c). Enquanto apresentam, o facilitador vai incluindo informações sobre os sentimentos, tais como:

- *É importante a gente perceber o que está sentindo;*
- *Todo mundo tem medo de alguma coisa, mas a gente costuma achar que o medo dos outros é bobagem;*
- *Os outros poderiam pensar a mesma coisa dos nossos medos, por isso temos que entender o medo dos outros;*
- *Revidar uma agressão leva a mais agressão ainda e não resolve o problema.*

O facilitador deve estar atento para não rejeitar as respostas das crianças (mesmo as agressivas), mas simplesmente valorizar quando elas sugerem reações adequadas.

Observações

- Algumas vezes, as crianças acham engraçado quando o colega sugere uma reação positiva, pouco usual em seu grupo. É importante que o facilitador ignore as risadas e simplesmente valorize a sugestão (*É interessante!; É mais uma ideia!*). Do mesmo modo, pode haver disputa entre uma e outra criança para impor a sua sugestão. O facilitador deve aceitar todas as sugestões e valorizar a diversidade de opiniões.

- As crianças com idade entre seis e sete anos, com menor escolarização, precisam de maior apoio. O facilitador pode dar exemplos de como transmitimos e percebemos os sentimentos.

7. Autocontrole e expressividade emocional

Variações

- Dependendo da idade, o facilitador pode deixar as crianças pintarem o rosto dos personagens com a cor associada ao sentimento (ver a vivência *Os sentimentos têm cores*).

- Pode-se solicitar, como etapa final da atividade, que cada criança ou grupo (dependendo do seu desenvolvimento) escreva uma história a partir de uma das figuras.

8

Habilidades de civilidade

Arabela abria a janela.
Carolina erguia a cortina.
E Maria olhava e sorria: "Bom dia!"

Arabela foi sempre a mais bela.
Carolina, a mais sábia menina.
E Maria apenas sorria: "Bom dia!"

Pensaremos em cada menina que vivia
naquela janela;
uma que se chamava Arabela, outra
que se chamou Carolina.
Mas a nossa profunda saudade é
Maria, Maria, Maria,
que dizia com voz de amizade: "Bom
dia!" (Cecília Meirelles).

As habilidades sociais de civilidade podem ser entendidas como a expressão comportamental das regras mínimas de relacionamento aceitas e/ou valorizadas em uma determinada subcultura. Elas raramente são alteradas em sua função, embora sejam recriadas quanto à forma. O exercício das habilidades sociais de civilidade pode constituir, assim, a estratégia básica de autoapresentação e o critério inicial para a aceitação em determinado grupo.

O conhecimento das regras sociais de um grupo é fundamental para a inserção e participação efetivas nele. A inserção da criança no grupo cultural também passa,

8. Habilidades de civilidade

necessariamente, pelo respeito às suas normas de convivência, o que demonstra seu pertencimento a esse grupo. Crianças e jovens desenvolvem normas variadas que definem o pertencimento a um grupo. Entre tais normas se incluem: (a) a tipologia de cumprimentos (maneira de tocar, meneios do corpo, jargões definidos); (b) a preferência por certos acessórios (bonés, prendedores de cabelo, *piercing*); (c) a preferência por jogos, clubes, artistas, brincadeiras e assuntos para conversação.

Frequentemente se observam episódios de interação que são rapidamente interrompidos porque uma das pessoas (ou ambas) falhou para estabelecer o que popularmente tem sido designado como "bom contato social". No caso das normas que definem a competência social em habilidades de civilidade, o padrão mínimo, exigido ou esperado pela cultura, é constituído por desempenhos convencionais, conhecidos como "boas maneiras", conforme assinalamos em outra obra:

> "Esta classe refere-se, portanto, a desempenhos razoavelmente padronizados, próprios dos encontros sociais breves e ocasionais, em que as transações entre as pessoas ocorrem com pouca ou quase nenhuma mobilização de emoções, especialmente no contexto de cotidianidade. São os desempenhos que, juntamente com algumas habilidades de comunicação, expressam cortesia e incluem, entre outras, as habilidades de apresentar-se, cumprimentar, despedir-se e agradecer, utilizando formas delicadas de conversação (*por favor, obrigado, desculpe*)"[12].

Existe certa universalidade com relação a esta classe de habilidades sociais. As habilidades de cumprimentar, despedir-se, agradecer e oferecer/compartilhar são observadas em todas as culturas e até em certos grupos de

---

12. Del Prette e Del Prette (2001, p. 72-73).

138 Parte III – Habilidades sociais relevantes: análise e intervenção

animais como os chimpanzés. As diferenças entre culturas são identificadas muito mais na topografia (forma) dessas habilidades do que no seu conteúdo. A dificuldade da criança no desempenho dessas habilidades pode resultar tanto do desconhecimento das normas e padrões adotados pelo grupo do qual pretende participar como de falhas na aprendizagem prévia dessas habilidades em seu próprio grupo, devido a modelos inadequados, isolamento social e convivência restrita a um tipo de cultura.

A aprendizagem de habilidades de civilidade foi considerada, por muito tempo, como de responsabilidade quase que exclusiva da família, que a promovia por meio de instrução e modelação. Existiam regras de etiqueta a serem cumpridas no cotidiano e em situações mais formais, que sinalizavam consequências reforçadoras ou aversivas, dependendo do desempenho. O ensino incidental, como o existente em jogos e brincadeiras de roda, também tinha um papel importante no processo de aprendizagem dessas habilidades.

Embora esses processos ainda ocorram, a alteração na estrutura e organização da família, a partir do final do século XVIII, foi produzindo uma redução da participação dos pais na educação dos filhos. A inserção da mulher no mercado de trabalho e a oferta de creches e pré-escolas diminuíram, consideravelmente, as oportunidades de interação mãe-criança na perspectiva do ensino de habilidades de civilidade. Essa responsabilidade vem sendo gradualmente transferida para as instituições de cuidado e educação das crianças.

Embora se trate de uma lista bastante simples e limitada, o exercício das habilidades de civilidade é fundamental para a qualidade dos relacionamentos com colegas e com adultos. Por garantirem uma identificação imediata com as normas mínimas de convivência social, as habilidades de civilidade fazem parte de praticamente todos os desempenhos sociais mais complexos.

8. Habilidades de civilidade 139

1. Principais habilidades de civilidade

Com base em análise prévia desse conjunto de habilidades[13], pode-se identificar como as mais importantes na infância:

- Cumprimentar pessoas;
- Despedir-se;
- Usar locuções como: *por favor, obrigado, desculpe, com licença;*
- Fazer e aceitar elogios;
- Aguardar a vez para falar;
- Fazer perguntas;
- Responder perguntas;
- Chamar o outro pelo nome;
- Seguir regras ou instruções.

As crianças que apresentam esses desempenhos são rapidamente discriminadas de forma positiva, tanto pelos colegas como pelos adultos, enquanto que aquelas que desconsideram as normas de civilidade do grupo são, frequentemente, marginalizadas pelos integrantes desses grupos.

A competência em habilidades sociais de civilidade requer discriminação quanto ao momento, ao contexto e à topografia do desempenho. O uso de excessiva formalidade e um desempenho que não se ajusta às demandas da situação são quase sempre reprovados, tomados como evidências de pedantismo, falta de flexibilidade e pouca autenticidade. No caso de habilidades sociais de civilidade, são mais comuns os déficits de fluência e desempenho do que de aquisição, ou seja, a criança "sabe" qual comportamento é esperado e até emite um desempenho coerente com as demandas da situação, mas não com a frequência e proficiência esperadas, seja por falta de prática, dificuldade em discriminar algumas demandas e/ou por

---

13. Del Prette e Del Prette (2001).

excesso de ansiedade. Pais e professores precisam permanecer atentos à aquisição, frequência e fluência dessas habilidades nas crianças e aos possíveis fatores associados a déficits nessa área.

2. Vivências

De um modo geral, todas as vivências criam demandas para o exercício de habilidades de civilidade – ou para pré-requisitos dessa habilidade (observação, imitação e expressividade não verbal) – que são básicas para todas as demais. Apresenta-se, a seguir, duas vivências planejadas para o desenvolvimento das habilidades de civilidade. O facilitador pode, também, criar novas vivências ou recorrer a outras já publicadas[14], por exemplo, *O meu nome é...; Círculos mágicos.*

PALAVRAS MÁGICAS

Objetivos

Séries sugeridas: 3ª a 6ª séries

Específicos

- Cooperar
- Demonstrar boas maneiras
- Melhorar a comunicação
- Compreender a necessidade da vida social

Complementares

- Desenvolver a atenção
- Seguir instrução
- Utilizar termos próprios da convivência

---

14. Del Prette e Del Prette (2001).

8. Habilidades de civilidade

Material

- Texto de apoio

A IMPORTÂNCIA DA CONVIVÊNCIA

Vocês já pensaram quem fez o pão que vocês comeram hoje no café da manhã? Como é o nome dessa pessoa? Esse padeiro seria magro, gordo, alto? Teria a mesma idade de seu pai ou de seu tio? É interessante pensar que uma porção de pessoas faz coisas que nós usamos diariamente. Seu pai, sua mãe, seu avô, algum parente ou conhecido, também produzem ou realizam serviços de que muita gente precisa. Todos dependem uns dos outros.

Para viver, nós dependemos da água, da comida, da casa para habitar... Dependemos também da atenção e do carinho das outras pessoas. Vocês já imaginaram se ninguém conversasse com a gente? Tentem ficar um dia sem conversar com os seus pais, seus colegas, professora, sorveteiro... Imaginem isso agora! Vamos, fechem os olhos e imaginem que ninguém fala com você! (dar um tempo para a criança poder imaginar)

Puxa vida, seria horrível, não é mesmo? A esse contato que todas as pessoas têm umas com as outras damos o nome de CONVIVÊNCIA. Essa palavra na realidade significa VIVER COM (escrever no quadro: CONVIVÊNCIA = VIVER COM). Têm pessoas com quem nós permanecemos mais tempo juntos, por exemplo, os nossos pais e irmãos. Também aqui ficamos bastante tempo uns com os outros, ou seja, CONVIVEMOS.

Essa convivência pode ser agradável se soubermos usar algumas palavras. Elas são tão importantes que poderíamos chamá-las de mágicas. Essas palavras se transformaram em regras para uma convivência saudável. Vamos descobrir quais são?

---

142 Parte III – Habilidades sociais relevantes: análise e intervenção

- Uma folha para cada criança com o exercício **PA-LAVRAS MÁGICAS**

Nome: _____ Série: _____

Data: ___/___/____ Profa. _____

PALAVRAS MÁGICAS
Leia e complete:
Hoje nós vamos fazer uma atividade que vai depender de esperteza e atenção. Quanto mais nós conversamos com pessoas espertas, tanto melhor para nós. Mas conversar não é apenas uma pessoa falando. Conversar é falar e ouvir. Nós conversamos com as pessoas para pedir ou oferecer alguma coisa, para fazer ou responder perguntas, agradecer, contar algum acontecimento... Para a nossa conversa dar bons resultados e as pessoas continuarem querendo conversar, a gente precisa se ligar em umas palavrinhas que são importantes. Vamos ver se você consegue adivinhar quais são. Leia as frases abaixo e complete com as palavras que estão faltando. Exemplo: Já estava anoitecendo quando cheguei à casa de meu tio e eu disse: *Boa-noite, pessoal!*

Ao pedir alguma coisa a alguém devo dizer _____ _____.

Quando meu colega repartiu seu lanche comigo eu lhe disse _____.

Digo _____ à professora ao chegar de manhã na escola.

_____ é a palavra que falo ao me despedir de alguém.

Se tropeço em alguém eu peço _____ _____.

Meu pai disse para eu fazer a tarefa e eu lhe respondi _____.

---

8. Habilidades de civilidade **143**

> Ganhei alguns doces e ofereci ao meu colega, dizendo:
> _____.
> Meu colega estava falando muito alto e eu lhe disse:
> _____, fale um pouco mais baixo.
> Aposto que você acertou todas! É importante usar essas palavras todos os dias, com parentes, amigos, conhecidos e desconhecidos.

Procedimento

Antes da aplicação da vivência, o facilitador deve ler com atenção o texto de apoio e organizar as folhas de exercício.

Para iniciar a vivência, com base no texto de apoio, faz breve exposição sobre a importância do conviver, evitando, contudo, que pareça um sermão ou conselho. Após isso, entrega para cada criança a folha de exercício, rememora as instruções e estabelece um tempo (entre cinco e quinze minutos) para a atividade.

Enquanto as crianças trabalham individualmente, o facilitador aproveita para observar e estimular uma ou outra. Por exemplo, o facilitador pode dizer baixinho: _Isso mesmo!; Está certo!; Bom!_

Terminada a tarefa, o facilitador solicita que as crianças leiam o que escreveram nas lacunas. Pede, então, relato de situações em que elas utilizaram uma ou outra das palavras mágicas e qual foi o resultado. Caso alguém relate ter usado palavras como _por favor, obrigado_, com resultado negativo, o facilitador enfatiza que:

- _Nem todas as pessoas sabem receber bem essas palavras;_
- _Apesar disso, a gente deve continuar fazendo a nossa parte, pois, na maioria das vezes, o resultado é muito positivo._

Ao final, o facilitador solicita que as crianças utilizem as palavras mágicas durante a semana. Sempre que possível, enquanto as crianças estiverem motivadas, ele deve "cobrar" a tarefa, valorizando aquelas que conseguiram realizá-la.

144 Parte III – Habilidades sociais relevantes: análise e intervenção

Observações

- O facilitador precisa aproveitar as várias oportunidades no grupo para, ele próprio, utilizar as palavras mágicas. Deve, também, ficar atento para atender imediatamente as crianças que utilizam essas palavras.

Variações

- Em programas de Treinamento de Habilidades Sociais na escola, com crianças de terceira e quarta séries, o facilitador tem a opção de solicitar, após o término da atividade, que escrevam e ilustrem uma pequena história com pelo menos três palavras do exercício dado.

- Pode, ainda, associar algumas das atividades a objetivos escolares, mesmo de matemática (por exemplo: *Quantas vezes apareceu a palavra "por favor"?; A palavra "obrigado" apareceu mais ou menos vezes? Quanto a mais ou quanto a menos?*).

- Uma alternativa é a de contar uma história que contenha as palavras mágicas ou pedir que as crianças elaborem os diálogos incluindo as palavras.

- O facilitador pode, ainda, planejar com as crianças "tarefas de casa", onde elas apliquem o uso das palavras mágicas e, na reunião seguinte, discutir o efeito obtido.

DESCOBRINDO O SEGREDO

Objetivos
Específicos

> Séries sugeridas: 2ª a 8ª séries

- Desenvolver atitudes cordiais
- Demonstrar criatividade
- Controlar a impulsividade, esperar a vez para falar
- Seguir regras ou instruções

8. Habilidades de civilidade

- Cooperar, participar
- Observar, prestar atenção

Complementares

- Ouvir o outro
- Fazer perguntas
- Responder perguntas
- Falar de si mesmo (autorrevelação)
- Decifrar códigos (símbolos) da cultura

Material
- Folha de cartolina com colunas correspondentes aos meses do ano.
- Cartões de 8cm x 5cm (de preferência autocolantes) para preenchimento de nome e data de aniversário
- Canetas hidrográficas
- Folha de atividade para cada dupla de crianças

Nome dos componentes da dupla: _____

_____ e _____ Série: ____

Data: __/__/__ Profa. _____

Leia junto com seu colega, descubra os segredos e complete os espaços.

Certo dia Rodrigo 📞 _____ para seu amigo _____ de quem ele gostava muito.
Disse que era o dia de seu 🎂 _____ e estava fazendo ___ anos.
Para preparar a festa, foi até o vizinho e falou com educação:
– Seu Antônio, o Sr. pode, por _____, me emprestar uma ✂ _____, pois estou querendo fazer

146   Parte III – Habilidades sociais relevantes: análise e intervenção

umas ▷▷▷ _____ para enfeitar minha casa. Hoje é meu _____.

O Sr. Antônio emprestou a _____ e desejou a Rodrigo um _____ _____.

Às ① _____ horas, o ⚞☼⚟_____ da igreja já estava tocando, quando todos os 🐑 🐑 _____che-garam para a _____.

Um amigo chegou e disse: 🗣_____ _____ .

E Rodrigo respondeu: Muito obrigado!

Outro amigo trouxe um _____ .

Rodrigo disse: Puxa, legal, muito _____!!!

Procedimento

O facilitador sorteia as duplas (ou realiza as escolhas, se houver o objetivo de aproximar algumas crianças) e entrega a cada uma delas a folha de atividade, solicitando que resolvam a tarefa em voz baixa. Estabelece um tempo de aproximadamente 20 minutos para o término e, ao final, pede que cada dupla leia um trecho da tarefa, discutindo com todos:

- *Quais as dificuldades encontradas?*
- *O que foi importante para realizar a tarefa?*

Na sequência, pede que cada dupla elabore oralmente a continuidade da festa de aniversário, quais os presentes que o personagem (Rodrigo) ganhou, quais os que ele mais gostou etc. Distribui então os cartões e canetas e solicita que cada criança escreva seu nome e data de aniversário nele.

Ao final, chama as crianças de acordo com o mês em que aniversariam para colarem seu nome e data de aniversário na cartolina afixada em uma das paredes da sala. Propõe, então, que todos cantem *Parabéns a você* para aquelas que já fizeram aniversário até o momento.

8. Habilidades de civilidade

Observações

● Na escola, esta vivência é importante para estabelecer um clima inicial de interesse e cordialidade entre as crianças. O facilitador pode estabelecer um dia do mês para comemoração de aniversários e incentivar o envio de pequenas lembranças, como bilhetes ou cartões, confeccionados pelas próprias crianças e o momento do *Parabéns a você*.

● Recomenda-se não incentivar a preocupação com presentes ou festas, mesmo que a maioria disponha de recursos.

Variações

● Dependendo do grupo, o facilitador pode elaborar uma folha de atividade com códigos mais complexos ou maiores requisitos.

● Para crianças mais velhas, o facilitador pode pedir, após a vivência, que elaborem, individualmente ou em duplas, uma folha de atividade com outros conteúdos.

9

Empatia

*Não concebo que aquele que não tem
necessidade de nada possa amar
alguma coisa; não concebo que aquele
que não ama nada possa ser feliz
(J.J. Rousseau).*

Um conceito psicológico bastante conhecido e utilizado no cotidiano, e também na literatura, é o de empatia. A empatia representa e comunica um dos mais belos recursos do indivíduo para uma vida social complexa e gratificante. Pessoas que exercitam a empatia são vistas como sensíveis, calorosas e amigáveis, produzindo resultados positivos na relação com as demais[15].

Até obter um reconhecimento generalizado, o conceito de empatia realizou uma trajetória longa, complexa e singular. Ele esteve presente no domínio da estética, como capacidade da pessoa de "penetrar" no produto de arte e captar o sentimento ali expressado; significou também a identificação da mímica motora, sendo concebido como um tipo de imitação interna, algo controlado por dentro; foi, ainda, objeto de especulação sociológica para, então, ser aceito na Educação e na Psicologia[16].

---

15. Burlerson (1985).
16. Ver, entre outros, Goldstein e Michaels (1995); Planalp (1999).

9. Empatia

Na Psicologia nunca houve um consenso quanto à sua definição. Sua aceitação foi maior ou menor dependendo da importância dada à emoção como objeto de investigação empírica. Com a divulgação da teoria das Inteligências Múltiplas e da Inteligência Emocional[17], o interesse pelo conceito de empatia, como também pela emoção, ganhou fôlego novo.

Ao que tudo indica, o conceito de empatia adquire, na atualidade, um estatuto sem precedentes na Psicologia, firmando-se como categoria analítica e descritiva incluída na agenda de estudos sobre desenvolvimento psicológico[18] e também na de psicologia clínica e formação de psicoterapeutas[19].

1. Empatia enquanto classe de habilidades sociais

A importância da empatia é tão grande que a sua falta é vista como um dos fatores de comportamentos antissociais e violentos[20], uma vez que pessoas não empáticas seriam imunes ao sofrimento e à dor que causam nos demais. Em outras palavras, seriam incapazes de experimentar qualquer desconforto pelo sofrimento que produzem no outro e, por isso, também não se arrependem nem se sentem em dívida pelo que fizeram. Por outro lado, se o agressor consegue apresentar um dos componentes da empatia, como o de tomar perspectiva, colocando-se na situação da vítima, há alta probabilidade de desistência da agressão ou, quando perpetrada, de que manifeste arrependimento e disposição para a reparação.

---

17. Ver: Gardner (1995); Salovey e Mayer (1990). Ver, também, Del Prette e Del Prette (1999).

18. Ver: Ickes (1997), Brazelton (1994), Thompson (1992). Em nosso meio, ver: Garcia-Serpa (2001), Pavarino (2004).

19. Ver: Bohart e Greenberg (1997); Conte e Regra (2000), Falcone (1998; 2001; 2003); Meyer (1997), Rangé (1995b).

20. Miller e Eisenberg (1998).

150 Parte III – Habilidades sociais relevantes: análise e intervenção

As habilidades empáticas se caracterizam pela expressão afetiva de compreensão e compartilhamento com a experiência positiva ou negativa do interlocutor, ou seja, colocam em foco as necessidades do outro. Assim, as habilidades de empatia podem, com frequência, neutralizar eventuais efeitos negativos do desempenho assertivo, já que este focaliza as necessidades e direitos da pessoa que o apresenta. Em outras palavras, quando as pessoas precisam negociar interesses e necessidades pessoais, a empatia é um complemento importante da assertividade, gerando maior equilíbrio na relação.

Em uma extensa revisão dos estudos sobre empatia, um pesquisador[21] verificou que, na Psicologia, esse termo vem sendo definido, geralmente, de duas maneiras. A primeira como uma espécie de "consciência" que alguém possui sobre os estados internos (percepção, pensamento, sentimento e intenção) do outro. A segunda faz referência a uma resposta afetiva vicária[22] dos sentimentos percebidos no interlocutor. Essas definições ora colocam uma maior ênfase sobre a cognição, ora sobre o sentimento e ação.

> Enquanto classe de habilidades sociais, a empatia pode ser definida como a "capacidade de compreender e sentir o que alguém sente em uma situação de demanda afetiva, comunicando-lhe adequadamente tal compreensão e sentimento"[23].

Este conceito de empatia comporta três tipos de componentes ou dimensões: o afetivo, o cognitivo e o com-

---

21. Hoffman (2000).

22. O termo vicário tem sido utilizado na teoria da aprendizagem social (Bandura, 1986) como reação imitativa. Estritamente falando, refere-se a qualquer reação decorrente de colocar-se no lugar do outro, o que inclui tanto reações similares (imitação) como complementares (por exemplo, apoio ou compartilhamento).

23. Del Prette & Del Prette (2001, p. 86).

9. Empatia

portamental[24]. Nessas dimensões, algumas subclasses são consideradas como fundamentais para o aprimoramento e o exercício da empatia em relação ao interlocutor, tais como:

- Observar, prestar atenção, ouvir o outro;
- Demonstrar interesse e preocupação pelo outro;
- Reconhecer/inferir sentimentos do interlocutor;
- Compreender a situação (assumir perspectiva);
- Demonstrar respeito às diferenças;
- Expressar compreensão pelo sentimento ou experiência do outro;
- Oferecer ajuda;
- Compartilhar.

Os componentes cognitivo, afetivo e comportamental funcionam de forma integrada, regidos pela preocupação em oferecer apoio, conforto e consolo a alguém que está vivendo uma experiência estressante ou, se a situação vivida é de alegria e satisfação, compartilhar tais sentimentos. Em ambos os casos, a empatia tem o efeito de validar os sentimentos daquele que está vivendo uma experiência negativa ou positiva, melhorando-lhe a autoestima, facilitando a comunicação, ampliando as trocas e fortalecendo os vínculos de amizade.

2. Aprendizagem e desenvolvimento da empatia

A análise do desenvolvimento da empatia se apoia em uma visão multidimensional desse conceito, cuja ênfase tem sido maior sobre seus componentes afetivos e cognitivos. Com base nessa visão multidimensional, são dois os modelos mais aceitos sobre o desenvolvimento da empatia[25]: o primeiro foi desenvolvido para explicar o

---

24. Conforme o modelo de desenvolvimento proposto por Hoffman (2000).

25. Respectivamente, modelos de Hoffman (1982; 2000); Feshbach (1978; 1982).

152 Parte III – Habilidades sociais relevantes: análise e intervenção

papel da empatia no desenvolvimento do comportamento altruístico e o segundo modelo está associado aos esforços de um grupo de pesquisa para compreender o desenvolvimento e a função da empatia enquanto um possível fator inibidor da agressividade. Sem a pretensão de apresentar uma análise detalhada desses modelos, aborda-se brevemente cada um deles.

O primeiro modelo, também denominado de "sofrimento empático", aplica-se mais prontamente às reações diante de situações difíceis vividas pelo interlocutor, definindo a empatia como "uma reação afetiva vicária que é mais apropriada ao outro do que a si mesmo"[26]. Este modelo enfatiza os componentes afetivos mais do que os cognitivos e não exige uma equiparação exata entre o afeto experimentado pela pessoa e o afeto daquela que reage empaticamente.

Para explicar a emergência e desenvolvimento da empatia, este modelo identifica seis diferentes processos que ocorrem desde as primeiras semanas de vida, estendendo-se até por volta dos quatro a seis anos. O primeiro desaparece na infância, enquanto os demais podem ocorrer em qualquer momento do desenvolvimento. O último processo é o principal para a aquisição da empatia na idade adulta. Quanto maior a diversidade desses processos na experiência do indivíduo e quanto mais precocemente ocorrerem, maior a força das reações empáticas. Os seis processos são:

- *Choro reativo do recém-nascido.* Refere-se a uma tendência inata dos bebês de chorarem ao ouvir o choro de outro bebê, reação tida como precursora bastante rudimentar da empatia;

- *Condicionamento clássico vicariante.* Ocorre quando a criança, em sofrimento ou desconforto, observa outra em situação similar e associa esses sinais externos

---

26. Hoffman (1982, p. 120).

9. Empatia 153

ao próprio sofrimento, levando-a, em ocasiões posteriores, a reagir a sinais similares de outra pessoa como se ela própria estivesse vivenciando a situação de sofrimento;

* *Evocação.* Este processo depende da memória e ocorre quando a criança, observando alguém em sofrimento, relembra suas experiências de dor e sofrimento e apresenta reação empática, independentemente de qualquer condicionamento aos sinais emitidos pelo interlocutor;

* *Mímica motora.* Ocorre quando a criança, observando os sinais faciais de desconforto de alguém, exibe as mesmas expressões, produzindo dicas cinestésicas internas que a ajudam a experimentar e compreender aquele sentimento;

* *Associação simbólica.* Emerge quando a criança é exposta a símbolos de emoção (nome da emoção ou descrição de um evento emocional) que adquiriram sentido por associações ocorridas em sua própria experiência (como na evocação);

* *Tomada de perspectiva.* Ao contrário dos demais, que são automáticos, este requer maturação cognitiva e depende de ação proposital: neste modo, a criança se imagina no lugar do outro e suas representações mentais a levam a experimentar o mesmo sentimento que a outra pessoa.

O segundo modelo pretende ser mais abrangente para todo tipo de emoção (não somente para as de sofrimento, como o anterior), sendo também chamado modelo dos três fatores[27]. Ele se baseia em uma definição estrutural da empatia em dois componentes cognitivos e um afetivo:

* *Discriminação do estado emocional* do outro, ou seja, a capacidade de identificar o sentimento que a outra pessoa está experienciando;

---

27. Trata-se do modelo de Feshbach (1978; 1982).

154   Parte III – Habilidades sociais relevantes: análise e intervenção

- *Tomada de perspectiva*, ou seja, a capacidade de compreender a experiência da outra pessoa a partir do ponto de vista dela (neste modelo, um componente mediador da reação emocional e não um dos processos de aquisição, como no modelo anterior);
- *Responsividade emocional*, caracterizada pela reação comportamental à experiência do outro (similar à definição dada para empatia no modelo anterior).

Enquanto recurso psicológico componente das habilidades de relacionamento, as formas elementares de empatia estão presentes desde as primeiras semanas de vida da criança[28]. Os contatos iniciais com os pais vão produzindo uma reação de busca e retorno, em um processo contínuo de *feedback* que leva ambos os participantes da interação a obterem informações crescentes dos estados emocionais um do outro. Já por volta do primeiro ano, a criança começa a reconhecer que o aborrecimento ou sofrimento dos pais não é seu e, em torno dos dois anos, ela consegue, de maneira mais efetiva, identificar diferentes reações emocionais experimentadas pelo interlocutor e responder a elas.

Dada a importância dos componentes cognitivo, afetivo e motor na própria definição de empatia, o desenvolvimento geral da criança amplia suas condições para reações empáticas mais completas. De fato, há evidências de que as respostas empáticas podem tornar-se cada vez mais elaboradas quando há condições que facilitam o desempenho desses comportamentos[29]. A constatação de maior expressividade empática nas meninas parece revelar padrões culturais de educação infantil ligados ao sexo, mais do que qualquer suposição de determinação genética. Mesmo considerando-se a importância de fatores genéticos, o organismo provê apenas a base estrutural

---

28. Klaus, Kennel e Klaus (2000).

29. Ver: Falcone (2000); Garcia (2001); Hoffman (2000); Ickes (1997); Planalp (1999).

9. Empatia

do desenvolvimento; as condições que modelarão os comportamentos são fornecidas pelo ambiente.

Além de oferecer modelos favoráveis ao desempenho empático, é crucial que o ambiente não restrinja nem puna tais reações e, adicionalmente, que estabeleça reforçamento diferencial para elas[30]. As condições que podem ampliar ou reduzir a oportunidade de expressão pré-empática ou empática pela criança incluem o tipo de prática educativa dos pais (por exemplo, valorizar essas respostas, levando a criança a prestar atenção ao sentimento das outras pessoas ou às consequências de seus comportamentos sobre os demais) e a ausência de fatores como abandono ou abuso físico contra a criança, violência doméstica e práticas excessivamente punitivas ou coercitivas.

Visitar um colega enfermo (quando não há contraindicação) é uma excelente ocasião para os pais, professores e psicólogos estimularem o uso de habilidades empáticas. Propomos, a seguir[31], alguns passos que podem ser eventualmente utilizados como tarefas em um programa de treinamento de habilidades empáticas com crianças, no caso de visita ao colega adoentado:

- Cumprimentar a pessoa que atende;
- Perguntar sobre as condições de saúde do amigo;
- Cumprimentar o amigo, dizendo algo agradável, por exemplo, que sua ausência está sendo sentida;
- Ouvir com atenção o que ele diz e observar suas expressões;
- Deduzir o que ele está sentindo (tristeza, desconforto) e quão forte é este sentimento, buscando compreender o que se passa com o amigo;
- Decidir quanto ao tempo de permanência e os assuntos para conversar;

---

30. Strayer (1993).
31. Essa proposta é adaptada de Goldstein e Michaels (1985).

156 Parte III – Habilidades sociais relevantes: análise e intervenção

● Dizer para ele, de maneira sincera e calorosa, como pensa que ele está se sentindo, caso tenha entendido que isso possa ser confortante.

Encorajar a criança a experimentar tipos e intensidades variadas de emoções pode favorecer o desenvolvimento da empatia. Isso deve ser feito com monitoria dos pais e professores, que podem utilizar recursos tais como filmes, teatro, literatura infanto-juvenil (atualmente existe uma imensa variedade, inclusive de autobiografias), atividades com músicas (ouvir canções reconfortantes, compreender os símbolos e metáforas das letras e praticar instrumentos) e de cuidado com animais e plantas. Nas atividades grupais, professores e pais devem apresentar modelos de expressão empática, devendo ser autênticos, pois as crianças discriminam quando não há sinceridade.

3. Vivências

Algumas crianças precisam aprender separadamente cada um dos componentes próprios do conjunto de habilidades empáticas. Para a aquisição dessas subclasses, alguns processos psicológicos, como a observação, a percepção, a escuta, a atenção, a memória e o pensamento, precisam ser exercitados no contexto interpessoal. De certa forma, o treinamento de habilidades sociais empáticas abrange todos esses aspectos, incluindo a capacidade de discriminar os sinais emitidos pelo interlocutor.

Tendo em vista essas considerações, apresentam-se, a seguir, vivências voltadas para a aquisição dos componentes da empatia. O facilitador pode, também, criar novas vivências ou recorrer a outras já publicadas[32], por exemplo, *Conduzindo o outro; Vivendo o papel do outro; A fumaça e a justiça.*

---

32. Del Prette & Del Prette (2001).

9. Empatia

TODA PESSOA É DIFERENTE

Objetivos
Específicos

Séries sugeridas: 3ª a 8ª séries

- Compreender que cada pessoa é única
- Melhorar a aceitação de si e do outro
- Colocar-se no lugar do outro
- Aumentar a tolerância às brincadeiras dos colegas
- Melhorar a autoestima e autoimagem
- Desenvolver o respeito aos colegas

Complementares
- Chamar as pessoas pelo nome
- Prestar atenção e observar
- Reconhecer a existência de leis contra a discriminação

Material
- Cartolina
- Duas tiras de papel para cada criança, preparadas para que ela escreva sobre si e sobre o colega.

Meu nome:	A – O que eu gosto em mim ....
Nome do colega: .... Meu nome:	B – O que gosto em meu colega: ....

158 Parte III – Habilidades sociais relevantes: análise e intervenção

● Folha com a história:

NINGUÉM É IGUAL A NINGUÉM

Moro em uma rua que não é grande nem pequena e tem gente de todo jeito. Paulinho, meu vizinho da esquerda, é gorducho. Alguns meninos vivem gritando para ele: *Paulinho, baleia, saco de areia!* Ele chora e chora.

Joana, a vizinha da direita, é negra e sempre diz que queria ser branca. Davi, que mora em frente, é ruivo e fica furioso quando o chamam de cabeça de fogo. É fogo mesmo. É que em toda casa tem sempre alguém que quer ser diferente do que é.

Eu sou magrelo porque é assim que sou. Antes não gostava que ninguém mexesse comigo. Já tive apelido de vareta, palito, linguiça. Agora nem dou bola mais para os apelidos, pois não sou linguiça, nem palito, nem vareta. Sou um menino chamado Danilo que não é gordo, nem médio, sou magro e bom das pernas. Não perco uma corrida.

Tenho outro amigo que queria ser o mais inteligente de todos. Ficava nervoso quando alguém aparecia com notas maiores do que as dele. Ora, cada um tem a nota que tem, a casa que tem, a cor que tem.

Já pensou se todos fossem iguais? Acho que as pessoas teriam que andar com o nome escrito na testa para não serem confundidas com as outras.

Procedimento

O facilitador entrega a cada criança uma folha de papel com a história escrita. Depois, explica que todas as pessoas são diferentes umas das outras e que, embora existam magros, gordos, altos, cabeludos, sem cabelos, cada um tem um jeito de ser. Acrescenta que as pessoas são iguais em seus direitos e que a nossa Constituição, em seu capítulo primeiro, artigo cinco, afirma: *Todos são iguais perante a Lei, sem distinção de qualquer natureza.* Isso indica que ninguém pode sofrer qualquer tipo de coerção física,

9. Empatia

moral ou social e que todos os lugares públicos podem ser frequentados por todos.

Pede, então, que as crianças se reúnam em duplas, leiam a história individualmente e anotem seus nomes no verso das folhas que receberam. Após isso, deverão responder em uma folha as seguintes perguntas:

- *Qual era o nome do menino da história?*
- *Como era esse menino?*
- *Se todas as pessoas fossem iguais, como seria possível reconhecê-las?*
- *Quais diferenças (por exemplo, cor de cabelo, jeito de andar, preferências etc.) que você possui em relação ao seu colega de dupla?*
- *O que cada um mais gosta ou admira em si mesmo?*
- *O que mais gosta ou admira no colega?*

Após esse diálogo, pede que as crianças preencham as tiras de papel, colocando o próprio nome e o nome do colega. O facilitador reúne as tiras e cola-as em dois cartazes: um para as características próprias e outro para as características que admiraram nos colegas. Faz, então, uma análise dos dois cartazes, valorizando os aspectos identificados em si e nos outros e/ou chamando a atenção para aqueles que são mais comuns e para os mais diferentes.

Observações

- A história utilizada nesta vivência é de autoria de Regina Otero e Regina Rennó, do livro *Ninguém é igual a ninguém*, Editora do Brasil (não consta a data de edição).
- O facilitador deve evitar qualquer "desmentido" de características autoatribuídas ou atribuídas aos colegas (já que todas devem ser positivas). Em caso de alguma criança tentar rejeitar ou contestar características apontadas por outros, intervir dizendo que cada um pode perceber, no outro, aspectos que nem sempre todos percebem.

Variações

• Se esta vivência for aplicada na escola, o facilitador pode usar os painéis de características positivas em outro momento, como atividade didática para as crianças (fazer uma redação a respeito das características dos colegas de classe; identificar quantos têm características parecidas ou quantos têm determinadas características etc.). Os painéis podem ser expostos no corredor ou pátio da escola e, posteriormente, as crianças podem levar suas folhas para os pais.

• Caso o grupo não tenha um bom domínio da leitura, o facilitador pode contar a história e fazer as perguntas oralmente às crianças, de acordo com a capacidade de compreensão delas. Uma alternativa interessante é solicitar que as crianças façam um autorretrato, registrando, no desenho, o que as tornam diferentes de seu colega de dupla e o que elas mais gostam em si e no colega.

• Outra alternativa consiste em solicitar que as crianças desenhem os personagens da história e que introduzam um novo personagem com características diferentes dos demais.

QUEM VÊ CARA, VÊ CORAÇÃO?

Objetivos

Específicos

Séries sugeridas: 2ª a 4ª séries

• Perceber os sentimentos do colega

• Relacionar expressões faciais a sentimentos

• Nomear sentimentos

• Relacionar sentimentos a acontecimentos

9. Empatia

Complementares
- Prestar atenção
- Trabalhar em grupo
- Expor-se diante dos demais
- Expressar opinião

Material

- Três conjuntos de fichas (A, B e C), cada um com três desenhos de um personagem expressando emoções diferentes e, abaixo de cada desenho, uma lacuna para a criança escrever qual é a emoção aí representada. Segue exemplo da ficha A. O facilitador pode elaborar as fichas B e C de forma similar, com desenhos ou figuras fotocopiadas de revistas.

Ficha A
Nome: _____ Série: _____
Data: ___/___/___ Profa._____

Escreva o nome da emoção que cada personagem está expressando.

_____   _____   _____

Procedimento

Distribuir uma ficha para cada criança, solicitando que preste atenção à expressão facial do personagem e escreva,

162 Parte III – Habilidades sociais relevantes: análise e intervenção

no espaço indicado, o nome da emoção que ele está expressando no desenho. Supervisionar a tarefa, auxiliando as crianças com mais dificuldade sem, contudo, apresentar a resposta. Observar os comentários e o tipo de dificuldades da criança durante a realização da atividade.

Concluída essa primeira parte, solicitar que as crianças se agrupem de acordo com a letra da ficha: as que estão com a ficha A devem formar o grupo A; as que estão com a ficha B, o grupo B e as que estão com a ficha C, o grupo C. Caso haja muitos participantes na sala, formar dois grupos com o mesmo tipo de ficha. Relembrar as regras do trabalho em grupo (ver capítulo 5, *Recomendações ao facilitador*) e solicitar que escolham o coordenador e o relator.

Pedir que cada grupo verifique quais sentimentos associaram a cada desenho, se houve concordâncias e discordâncias e o que poderia ter levado o personagem a apresentar aquele sentimento.

Conduzir a discussão entre grupos, pedindo que todos prestem atenção para verificar se concordam ou não com as respostas dos demais, apresentadas pelo relator.

Encerrar a atividade, elogiando aspectos positivos do desempenho das crianças em grupo (por exemplo, se ouviram os outros com atenção, se conseguiram elogiar, concordar, discordar etc.) e também o trabalho dos coordenadores e relatores. Enfatizar a importância de prestar atenção às expressões faciais das pessoas e como elas mostram seus sentimentos e disposições. Explicar, ainda, que os diferentes sentimentos estão associados a diferentes acontecimentos vividos pelas pessoas.

Observações

• A vivência pode ser conduzida também com crianças pré-escolares ou de primeira série, o que exige maior apoio e monitoria por parte do facilitador. Para essas crianças, pode-se trocar a resposta escrita pela oral.

9. Empatia

● Algumas crianças podem discordar quanto à representação correta da figura (ou parte dela) em relação a determinado sentimento, cabendo apenas o esclarecimento de que nem sempre o desenhista ou caricaturista consegue transmitir completamente o que pretende e que alguns sentimentos são expressos de forma semelhante à expressão de outros.

Variações

● Para facilitar a identificação dos sentimentos, podem ser feitos, previamente, exercícios de mímica com o grupo.

● Associando objetivos acadêmicos a esta vivência, como, por exemplo, o desenvolvimento da escrita, o facilitador pode solicitar: (a) que as crianças escrevam as situações que geraram aquele sentimento (em vez de apenas discuti-las em grupo); (b) que componham uma história com base no personagem e sua emoção.

● Dependendo do desenvolvimento do grupo, o facilitador pode solicitar que as crianças apresentem, aos demais, a expressão facial e corporal dos desenhos.

OLHANDO E AJUDANDO

Objetivos

Específicos

● Desenvolver compreensão e solidariedade

● Expressar empatia

● Prestar atenção/ observar

● Reconhecer e inferir sentimentos dos colegas

Séries sugeridas: 1ª a 8ª séries

164 Parte III – Habilidades sociais relevantes: análise e intervenção

Complementares

- Responder perguntas
- Seguir regras ou instruções da atividade
- Expressar opinião
- Falar em público, em grupo

Material

- Gaze e esparadrapo

Procedimento

A sala para a vivência deve ser previamente arrumada, com três cadeiras em destaque de frente para os demais. Duas crianças são chamadas à parte e orientadas, sem que as demais percebam: uma das crianças recebe um "curativo" na testa e a instrução para comportar-se como uma pessoa ferida; a outra criança é orientada para manter uma das mãos sobre a barriga, como se estivesse doente. Ambas são instruídas a entrarem na sala, em determinado momento (combinar), representando seus papéis.

Na sala, o facilitador chama a atenção de todos para uma atividade (não detalhar) a ser realizada, convidando três crianças para o GV e solicitando que sentem nas cadeiras colocadas à frente. Nesse momento, as duas crianças entram na sala. O facilitador pede que elas aguardem um pouco e continua explicando uma atividade (importância da observação) para o restante da sala. A criança "ferida" e a "enferma" se aproximam das demais, totalizando cinco crianças na frente da sala. O facilitador, falando à sala, observa discretamente o que se passa. Algumas alternativas podem ocorrer:

a) As três crianças permanecem olhando para as colegas com problemas, sem dizer nada;

b) Uma ou mais das três crianças perguntam o que aconteceu com as duas que estão de pé, oferecendo-lhes a cadeira;

9. Empatia

c) Uma ou mais das três crianças perguntam o que aconteceu com as duas que estão de pé, mas não oferecem as cadeiras;

d) As crianças nada perguntam, mas oferecem a cadeira.

Enquanto fala aos demais, se apenas ocorrerem as alternativas *a* e *c*, o facilitador dá um sinal às duas crianças (a "machucada" e a "doente"), para que apresentem crescente sinal de desconforto, porém, sem exagerar.

Caso, ainda assim, as três crianças não ofereçam as cadeiras e nenhum tipo de ajuda, o facilitador solicita que todas retornem aos seus respectivos lugares e discute com o grupo a questão da ajuda e da solidariedade. Não deve, porém, censurar a atitude daquelas que não ofereceram auxílio aos colegas, mas explicar que todos precisamos estar atentos para as oportunidades que surgem, a cada momento, de ajudar os outros.

Ocorrendo tentativas de auxiliar os colegas, o facilitador solicita aos demais que descrevam o que aconteceu ali na frente, ajudando e incentivando os relatos. Nesse momento, o facilitador evita intervenções que possam ser percebidas como punitivas, elogiando as tentativas bem-sucedidas das crianças e oferecendo indícios para auxiliar as tentativas incompletas. Por exemplo:

- *É isso mesmo, ainda falta alguma coisa mais: você acha que a ajuda foi importante?*

- *Se você estivesse nessa situação e alguém o ajudasse, como você se sentiria?*

- *Se você de fato estivesse com problemas e ninguém o ajudasse, como se sentiria?*

Observações

- Pode ocorrer que alguém da sala (GO) apresente reação de ajuda às crianças "ferida" e "enferma", chamando a atenção para a necessidade das mesmas. Nesse caso, o facilitador deve interromper a própria

166 Parte III – Habilidades sociais relevantes: análise e intervenção

fala e pedir que o grupo analise o que acabou de ocorrer, valorizando a sensibilidade dessa criança e passando para a etapa final da vivência (questões de reflexão).

● O facilitador deve usar de muita cautela ao revelar que as crianças que chegaram depois não tinham problema, mas estavam, a seu pedido, cooperando com a vivência.

Variações

● Uma variação, que pode ser aplicada a grupos com muita dificuldade em atitudes empáticas, consiste na narrativa, pelo facilitador, de uma pequena história em que um ou mais personagens se destaca por atitudes de solidariedade. Para isso, recomendamos: *Coração que bate, sente,* de Regina Otero e Regina Rennó; *Lições de vida,* de Vera Miranda Gomes; *A bruxa que era bela,* de Maria Eny R. Paiva; *O pintinho adotivo,* de Maria Glória R. Dominguez; *A árvore generosa,* de Shel Silverstein; *O suave milagre,* de Eça de Queirós (um clássico) ou *A parábola* do *bom samaritano* (Lucas 10,25-37), evitando qualquer conotação religiosa. Ver, ainda, dos autores, *Habilidades sociais cristãs.*

● Uma alternativa interessante é as crianças assistirem a um filme, seguido de breve comentário do facilitador sobre a importância da solidariedade, exemplificando com algumas cenas. Os filmes devem ser selecionados de acordo com a faixa etária do grupo.

CRIANÇA TAMBÉM PODE AJUDAR

Objetivos

Específicos

> Séries sugeridas: 1ª a 4ª séries

● Desenvolver a empatia e a solidariedade
● Compreender a importância da ajuda

9. Empatia

- Pedir e oferecer ajuda
- Resolver problemas

Complementares

- Identificar situação de dificuldade
- Desenvolver alternativas de ação
- Identificar várias formas de ajuda possíveis

Material

- Fichas de exercício, uma para cada criança, contendo, de um lado, uma ilustração e, de outro, espaço em branco para a criança desenhar ou escrever alguma coisa. Segue ilustração das Fichas 1, 2, 3 e 4. (O facilitador pode produzir as outras fichas recorrendo a ilustrações obtidas em revistas.)

Nome: _____ Série: _____
Data: ___/___/___ Profa. _____

Nome: _____ Série: _____
Data: ___/___/___ Profa. _____

Nome: _____ Série: _____
Data: ___/___/___ Profa. _____

Nome: _____ Série: _____
Data: ___/___/___ Profa. _____

9. Empatia

- Folha com a história: O QUE É O AMOR?

O QUE É O AMOR?

Numa sala de aula havia várias crianças. Uma delas perguntou à professora:

– *Professora, o que é o amor?*

A professora sentiu que a criança merecia uma resposta à altura da pergunta inteligente que fizera. Como já estava na hora do recreio, pediu que cada aluno desse uma volta pelo pátio da escola e trouxesse o que mais despertasse nele o sentimento de amor.

As crianças saíram apressadas e, ao voltarem, a professora disse:

– *Quero que cada um mostre o que trouxe.*

A primeira criança disse:

– *Eu trouxe esta flor, não é linda?*

A segunda criança falou:

– *Eu trouxe esta borboleta. Veja o colorido de suas asas, vou colocá-la em minha coleção.*

A terceira criança completou:

– *Eu trouxe este filhote de passarinho. Ele havia caído do ninho junto com outro irmão. Não é bonitinho?*

E assim as crianças foram se colocando. Terminada a exposição, a professora notou que havia uma criança que tinha ficado quieta o tempo todo. Ela estava encabulada, pois nada havia trazido. A professora se dirigiu a ela e perguntou:

– *E você, não encontrou nada para trazer?*

E a criança respondeu:

– *Desculpe, professora. Vi a flor e senti o seu perfume, pensei em arrancá-la, mas preferi deixá-la para que não perdesse o perfume. Vi também a borboleta, leve, colorida! Ela parecia tão feliz que não tive coragem de aprisioná-la. Vi ainda o passarinho caído entre as folhas, mas ao subir na árvore*

---

170 Parte III – Habilidades sociais relevantes: análise e intervenção

> *notei o olhar triste de sua mãe e preferi devolvê-lo ao ninho.*
> *Portanto, professora, trago comigo o perfume da flor, a sensa-*
> *ção de liberdade da borboleta e a gratidão que senti nos olhos*
> *da mãe do passarinho. Mas não tenho nada para mostrar.*
> A professora respondeu que ela havia mostrado muito, que sua maneira de agir demonstrava verdadeiramente o sentido do amor.

Procedimento

O facilitador inicia contando, com bastante ênfase, a história O QUE É O AMOR? Em seguida, fala rapidamente sobre a importância da solidariedade e da ajuda em nosso dia a dia e entrega, a cada criança, a ficha de exercício, que contém uma ilustração e um espaço em branco, instruindo que a criança observe a pessoa da figura, tente identificar a necessidade dessa pessoa e reproduza, no quadro, um desenho que demonstre o que ela (a criança) faria para ajudá-la e demonstrar solidariedade (ou escreva um pequeno texto, se já estiverem alfabetizadas). Enquanto as crianças desenham, o facilitador percorre a sala incentivando discretamente, dando *feedback* e fazendo perguntas que auxiliem a criança.

O facilitador então mostra uma ficha e indica, na sala, um local em que devem se reunir todos os que receberam a ficha 1, chamando-os de G1. Faz o mesmo na organização do G2, do G3, do G4 etc., lembrando as normas e regras para a atividade em grupo.

Quando todos já estão acomodados, o facilitador encaminha uma discussão com os grupos fazendo uma pergunta de cada vez, dando um tempo para cada grupo encaminhar sua resposta e pedindo a atenção dos demais. As perguntas dessa discussão podem incluir:

- *Qual ou quais as necessidades que o grupo identificou na ilustração?*
- *O que o grupo desenhou? Mostre o desenho para os colegas.*

9. Empatia

- *Por que vocês acham que essas alternativas iriam ajudar?*
- *Essa dificuldade* (no caso da ilustração da criança que se feriu) *pode ocorrer com a gente?*
- *Quem já passou por essa dificuldade?*
- *O que as pessoas geralmente sentem ao viverem uma situação semelhante?*
- *Por que é importante ajudar alguém?*
- *Quando uma pessoa não fala o que está sentindo, como a gente pode perceber sua necessidade?*

O facilitador aproveita as respostas das crianças para dar *feedback* positivo e explicitar alguns aspectos importantes sobre a solidariedade:

- *Nem sempre as pessoas falam sobre suas necessidades;*
- *A observação pode ajudar a percebermos quando uma pessoa está em dificuldade;*
- *Quando a pessoa nada diz de sua necessidade, devemos abordá-la com cuidado para não magoá-la* (exemplifica);
- *Quando estamos em dificuldade, devemos escolher a pessoa certa para solicitar ajuda; por exemplo, não devemos falar de problemas pessoais para alguém que tem o hábito de contar tudo o que ouve;*
- *Existem vários tipos de ajuda e, às vezes, um colega precisa de alguém apenas para desabafar;*
- *Nem sempre nós ficamos sabendo de pessoas que estão ajudando outras e exercendo a solidariedade* (exemplificar).

O facilitador pergunta às crianças como elas podem se ajudar mutuamente no grupo e em quais situações elas podem precisar de ajuda. Para finalizar, pede que todos batam palmas às pessoas que, mesmo sem reconhecimento social, estão ajudando outras e prestando solidariedade.

Observações

- O texto *O que é o amor?* é uma adaptação, feita pelos autores, de uma história homônima de autor desconhecido, veiculada pela *internet*.

- O termo solidariedade pode e deve ser utilizado, mesmo quando se trata de crianças mais novas. O facilitador deve explicar o seu sentido. É um termo bastante utilizado e algumas crianças já o ouviram na televisão e rádio.

Variações

- Para as crianças com bom domínio da escrita, uma alternativa interessante é solicitar que façam uma história com o personagem da figura, incluindo, no enredo, algum tipo de ajuda feita ou recebida por ele.

- Pode-se também, após o desenho, solicitar que as crianças se reúnam em duplas, examinem os trabalhos e discutam o que poderiam fazer para se ajudarem mutuamente em outros momentos.

- Para motivar o envolvimento nessa atividade, o facilitador pode iniciá-la com um jogo de "palavras cruzadas" que produz o termo SOLIDARIEDADE. Um exemplo é apresentado a seguir.

9. Empatia

Nome: _____ Série: _____

Data: ___/___/___ Profa. _____

PALAVRAS CRUZADAS – Somente horizontais

Descubra a palavra que vai aparecer na coluna do centro!

1. Pronome possessivo: o que pertence a várias pessoas; 2. Usado para beber água; 3. Produto do carneiro, usado quando está frio; 4. Porção de terra, cercada de água por todos os lados; 5. Perdeu o juízo, ficou ....; 6. O que as pessoas sentem pela mãe; 7. Cheiro, perfume; 8. Filha de nossa mãe é nossa ....?; 9. Ave de pernas compridas; 10. O que se come depois da comida; 11. O líquido mais precioso para se beber; 12. Conforme as religiões, o criador de tudo o que existe; 13. O mesmo que falha.

Resposta: 1. NOSSO; 2. COPO; 3. LÃ; 4. ILHA; 5. DOIDO; 6. AMOR; 7. ODOR; 8. IRMÃ; 9. EMA; 10. DOCE; 11. ÁGUA; 12. DEUS; 13. ERRO.

10

Assertividade

Dê seus ouvidos a muitos, sua voz a poucos; acolha a opinião de todos, todavia você é quem deve decidir (Shakespeare, *Hamlet*).

Conversando com pais e professores, recolhemos uma lista de "qualidades" que eles apontaram como importantes para uma formação saudável de seus filhos e alunos. Selecionamos alguns desses atributos, acreditando que o leitor, igualmente, concorda que se referem a características desejáveis para a educação infantil: *seguro, honesto, verdadeiro, direto, que aceita as responsabilidades, respeitoso com a opinião dos outros* e *que sabe se defender quando injustamente atacado.*

Muitas das qualidades relacionadas por pais e professores fazem parte de uma classe de habilidade social denominada assertividade. Vários trabalhos foram publicados sobre esse tema[33], mas, até o momento, não há nenhuma publicação entre nós sobre o desenvolvimento de habilidades assertivas na infância. Essa é uma lacuna que precisa ser superada e que não ocorre em alguns países.

---

33. Ver: Conte e Brandão (2003); Del Prette e Del Prette (2003a; b).

10. Assertividade   175

1. O conceito de assertividade

Na base do conceito de assertividade encontra-se a noção de igualdade de direitos e deveres, de legitimidade dos comportamentos voltados para a reivindicação e defesa desses direitos, de respeito e dignidade da pessoa humana. Atualmente, é cada vez mais visível a preocupação, inclusive por meio de dispositivos legais[34], com a garantia dos direitos da criança e do adolescente e, de forma complementar, com a disseminação de crenças e valores favoráveis a tais direitos, ao respeito à sua dignidade e ao desenvolvimento de sua liberdade de expressão. Além dos avanços na legislação e fiscalização das leis, o compromisso com os direitos das crianças deveria, também, incluir a promoção das habilidades assertivas da criança, que permitiriam, em muitas situações, reivindicar e exercitar pessoalmente tais direitos.

> A assertividade é uma classe de habilidades sociais de enfrentamento em situações que envolvem risco de reação indesejável do interlocutor, com controle da ansiedade e expressão apropriada de sentimentos, desejos e opiniões. Ela implica tanto na superação da passividade quanto no autocontrole da agressividade e de outras reações não habilidosas[35].

Pode-se ilustrar esses três padrões de comportamento – assertividade, agressividade e passividade – considerando uma situação em que, de um grupo de escolares, três alunos recebem avaliações equivocadas do profes-

---

34. Um bom exemplo é o Estatuto da Criança e do Adolescente (Lei 8.069, de 13 de junho de 1990) que, conquanto ainda não seja totalmente respeitado, constitui uma vitória em termos de normatização e divulgação dos direitos dessas pessoas.

35. Nosso conceito de assertividade está baseado em Lange e Jakubowski (1976). Ver, também: Tanner e Holliman (1988); Welhr e Kaufman (1987).

176 Parte III – Habilidades sociais relevantes: análise e intervenção

sor. A primeira criança pensa em falar com o professor, mas não o faz, mesmo ficando aborrecida. A segunda criança, deparando-se com o mesmo problema, ao contrário de seu colega, reage agressivamente, gritando e xingando. Finalmente, a terceira criança aguarda oportunidade favorável e, então, de maneira respeitosa, solicita ao professor que reveja a avaliação feita.

A ação da terceira criança, independente dos resultados obtidos, pode ser classificada como assertiva e possui, implícita ou explicitamente, alguns dos atributos que pais e professores julgaram importantes. O leitor identificará nessa ação no mínimo os qualificativos de *defesa de direitos, respeito à autoridade, verdadeiro, direto e franco*. Identificará, ainda, a maioria daqueles atributos da definição de assertividade e dos critérios de competência social (capítulo 2).

2. Principais classes de habilidades assertivas

Juntamente com a importância de discriminar a ocasião oportuna e de ajustar a forma adequada de qualquer desempenho social, podem ser arroladas algumas habilidades assertivas que as crianças deveriam desenvolver desde a infância:

- Expressar sentimentos negativos (raiva, desagrado);
- Falar sobre as próprias qualidades e defeitos;
- Concordar ou discordar de opiniões;
- Fazer e recusar pedidos;
- Lidar com críticas e gozações;
- Negociar interesses conflitantes;
- Defender os próprios direitos;
- Resistir à pressão de colegas;
- Pedir mudança de comportamento.

10. Assertividade

O desempenho socialmente competente[36] de cada uma dessas habilidades envolve componentes verbais, não verbais e paralinguísticos. Seus resultados positivos, em muitas situações, dependem menos do *que* se diz e mais do *como* se diz e em que *ocasião* ou *contexto*. Além disso, a competência social pode ser ampliada quando a assertividade é articulada à empatia. Em nossa cultura, essa articulação permite amenizar os efeitos eventualmente negativos do desempenho assertivo, sem reduzir sua eficácia.

3. Consequências do exercício da assertividade

É bastante gratificante conviver com crianças assertivas. Ainda que não intencionalmente, elas exigem que nos comportemos dessa mesma forma. Já as crianças com poucas habilidades de enfrentamento assertivo correm o risco de se submeterem à vontade dos outros colegas e de adultos, bem ou mal-intencionados, encontrando dificuldade para superar essa dependência.

Quando o desempenho assertivo se inicia na infância e é regularmente exercitado, ele tem alta probabilidade de se manter ao longo da vida. No entanto, isto somente ocorrerá se o ambiente não for excessivamente punitivo e valorizar tal desempenho sistematicamente no período de aquisição e, posteriormente, de forma ocasional, para sua manutenção.

Apesar das consequências reforçadoras, as habilidades assertivas podem ser pouco valorizadas, tanto na escola como na família, devido, principalmente, à confusão que se faz dela com a rebeldia e a agressividade[37]. No primeiro caso, a persistência e a segurança da criança, ao de-

---

36. De acordo com os critérios de competência social referidos no capítulo 2.

37. Em pesquisa realizada com uma amostragem de professores, as habilidades assertivas foram as menos valorizadas de uma lista a eles apresentada. Ver Del Prette & Del Prette (2003d).

178 Parte III – Habilidades sociais relevantes: análise e intervenção

fender e afirmar, assertivamente, seus sentimentos e ideias são erroneamente tomadas como rejeição e desrespeito às normas (inclusive de civilidade) ou como teimosia e desconsideração da autoridade, principalmente quando o contexto familiar ou escolar valoriza o conformismo e se pauta pelo autoritarismo. No segundo caso, a firmeza e a expressividade verbal e não verbal da criança, quando destoando de seus padrões anteriores, são indevidamente confundidas com ofensa verbal e disposição para causar dano ou desconforto aos demais.

A assertividade pode ser desvalorizada, e a sua promoção negligenciada por pais e professores, se estes associam o desempenho assertivo das crianças a uma possível perda de autoridade. Alguns deles sentem-se desconfortáveis quando as crianças os questionam ou demonstram mais conhecimento e rapidez de raciocínio do que eles em determinada questão. Na verdade, pais e professores precisam compreender que não têm obrigação de dominar todos os assuntos e que as crianças aprendem mais rapidamente algumas coisas, principalmente as que dependem pouco de conhecimento acumulado.

4. Pensando assertivamente

Como foi dito, algumas habilidades são mais facilmente aceitas do que outras. Por exemplo, há uma grande aceitação e até admiração pelas habilidades de civilidade, porém alguma restrição quanto às habilidades de enfrentamento, não só de emiti-las como de aceitar que os outros sejam assertivos. Quanto mais as pessoas ou grupos se orientam por normas autoritárias, menor sua disposição para aceitar o exercício das habilidades assertivas de defesa de direitos.

O que fazer? Como desenvolver habilidades assertivas na infância se o ambiente as rejeita? Como romper o círculo vicioso entre baixa assertividade e reprovação

10. Assertividade

dos comportamentos assertivos? Uma solução possível está em ajudar a criança a desenvolver a habilidade de *pensar assertivamente* e não apenas se comportar de maneira assertiva.

O pensar assertivo depende, primeiramente, de uma compreensão sobre os direitos e os deveres que correspondem a cada um dos que estão participando de uma interação social. Assim, se a criança supõe ter o direito de ser ouvida pelo colega, pelos pais e pelos professores, ela tem igualmente que compreender seu dever de ouvi-los. Existem alguns direitos interpessoais básicos que deveriam ser considerados como prerrogativa de todos e, em especial, da criança:

- Ser ouvida e levada a sério;
- Ser tratada com respeito e dignidade;
- Rejeitar pedidos que contrariem seus valores ou que ofendam sua dignidade;
- Solicitar informação;
- Expressar e defender crenças e opiniões;
- Ter suas necessidades consideradas tão importantes quanto as de qualquer outra criança;
- Defender aquele que teve o direito violado;
- Respeitar e defender a natureza.

A criança, desde a idade pré-escolar, pode começar a pensar assertivamente. Para que isso aconteça são necessários pelos menos três requisitos.

> O primeiro e mais importante requisito, para pensar assertivamente, é adquirir e aplicar o conceito de reciprocidade para, a partir daí, entender o que são direitos e deveres.

Essa não é uma aprendizagem difícil e se desenvolve a partir das noções de meu/teu, posso/não posso, devo/não devo, que estão na base da compreensão so-

180 Parte III – Habilidades sociais relevantes: análise e intervenção

bre direitos. Um bom exercício para promover uma noção adequada de direitos é propor à criança que ela "seja" o outro e verifique se continuaria aceitando o que defendia como um direito seu. A compreensão sobre direitos/deveres é, portanto, o primeiro componente do pensar assertivo.

> O segundo requisito do pensar assertivo corresponde à discriminação entre o que é relevante e o que é irrelevante nos relacionamentos interpessoais.

Pais e professores devem ajudar a criança nesse processo de escolha. Por exemplo, a criança precisa aprender que, na maioria das vezes, as competições não devem envolver posições exageradas, do tipo "tudo ou nada", que ganhar ou perder em disputas (jogos, discordância de opinião) não é o mais relevante e, sim, coisa passageira, rapidamente esquecida. Ela precisa compreender que, possivelmente, o mais importante é desafiar os próprios limites (de raciocínio, força e resistência) ou, simplesmente, desfrutar o caráter lúdico dos jogos com colegas. Essa aprendizagem aumenta a resistência da criança à frustração e lhe permite uma melhor compreensão sobre competições em geral, evitando desgaste não somente físico/emocional, mas também social.

> O terceiro requisito para pensar assertivamente é a capacidade de avaliar e predizer as prováveis consequências de comportar-se ou não assertivamente, fazendo então sua opção.

Em outras palavras, supondo que a criança avalie uma demanda como relevante, mesmo assim ela pode optar por não responder assertivamente, devido a prová-

10. Assertividade 181

veis reações adversas do ambiente[38]. Tomemos como ilustração o caso de uma criança, Paulo, que foi ridicularizada por seu primo na frente de colegas. Ele entende que isso é relevante e que a emoção que sentiu foi de vergonha e humilhação. Conhecendo seu primo, sabe que ele reagiria agressivamente caso lhe solicitasse mudança de comportamento. Então faz a opção por sair da situação, deixando o primo sem o alvo de suas brincadeiras e evitando um constrangimento maior. Na sequência, caso o primo o procure para verificar se ficou ofendido, Paulo poderá, então, dizer o quanto brincadeiras desse tipo o incomodam e, eventualmente, acrescentar que, se o primo não o deixar em paz, não mais o terá como companheiro de jogos ou outras atividades. Supondo que o primo diga ou demonstre que não se importa, certamente o melhor para Paulo é continuar a evitá-lo.

Esse caso mostra como uma criança pode evitar consequências desastrosas, que inevitavelmente poderão abalar sua autoconfiança e diminuir sua disposição para agir assertivamente até em situações francamente favoráveis. Paulo "sabe" que poderia se comportar assertivamente e que, se não o fez, foi para evitar as consequências aversivas, bastante prováveis nesse caso.

5. Vivências

Apresentamos a seguir algumas vivências especificamente voltadas para a promoção de importantes habilidades assertivas, incluindo-se a compreensão de direitos e deveres. O facilitador pode, também, criar novas vivências ou recorrer a outras já publicadas[39], por exemplo, *Direitos humanos interpessoais; Nem passivo, nem agressivo: Assertivo!; Peça o que quiser; Misto quente.*

---

38. Ver: Gambril (1995); Del Prette e Del Prette (2003a; b).
39. Del Prette e Del Prette (2001).

VAMOS FALAR A VERDADE

Objetivos

Específicos

Séries sugeridas: 3ª a 8ª séries

- Identificar (in)coerência entre pensar, sentir e agir
- Identificar sentimentos em expressões não verbais
- Refletir sobre a importância da sinceridade

Complementares

- Prestar atenção, observar
- Cooperar
- Elogiar, incentivar
- Analisar os significados dos provérbios
- Identificar crenças

Material

- Lápis e papel
- Dois conjuntos de folhas com desenhos representando crianças expressando sentimentos e falando sobre eles, conforme ilustrados a seguir.

A. Assinale com um <u>S</u> as frases sinceras de acordo com o desenho. Altere as frases incoerentes, para que fiquem coerentes com o desenho.

A) Oi, hoje ganhei o presente que eu mais queria, foi muito legal mesmo!!!!

10. Assertividade

B) *Meu pai ficou bravo comigo. Ele pensa que estou batendo no meu irmão, mas não é nada disso!!! Isso me chateia muito!*

C) *Você está linda, minha amiga, gostei muito do seu vestido novo!*

D) *Ai, minha cabeça, parece que vai estourar de dor!!!*

B. Ligue as falas aos desenhos, conforme o sentimento que está sendo neles expresso:

Estou feliz!!!

Estou muito triste...

Ai, que dor de dente!

Que raiva!!!

Que barulho horrível!

184 Parte III – Habilidades sociais relevantes: análise e intervenção

• Texto de apoio:

A IMPORTÂNCIA DE FALAR A VERDADE

Nem sempre as pessoas (crianças ou adultos) dizem a verdade. Quando elas faltam com a verdade sobre acontecimentos ou sobre seus próprios pensamentos e sentimentos, dizemos que elas estão sendo incoerentes. Tanto o dizer a verdade, como o mentir, são comportamentos aprendidos e, por isso, dependem da educação. A aprendizagem de mentir ocorre quando: a) imitamos comportamentos de outras pessoas que muitas vezes obtêm vantagens agindo dessa forma; b) evitamos consequências punitivas que poderiam ocorrer se contássemos a verdade; c) obtemos recompensas externas ou autorrecompensas (satisfação própria) com a mentira.

Em geral, podemos classificar as mentiras em três grupos: a) a mentira para obter vantagens e evitar problemas, ou seja, ganhos diretos ou indiretos, como contar que o pai tem um automóvel para impressionar alguém ou dizer que não quebrou a vidraça com a bola para evitar punição; b) a mentira social, que é regulada por algumas normas sociais, como quando dizemos que o café que nos foi oferecido estava bom quando na realidade não gostamos; c) a mentira bem-intencionada, que tem a intenção de ajudar, como quando falamos, ao visitarmos uma pessoa enferma, que ela se encontra com boa aparência, mesmo vendo que ela não está bem.

Dessas mentiras, a mais prejudicial, tanto para a própria pessoa que mente quanto para os demais, é a do tipo "para obter vantagens". São estas que devem ser evitadas, pois, embora ocorram vantagens imediatas, a pessoa pode vir a sentir-se mal consigo mesma, ou a prejudicar outras pessoas[40].

---

40. Del Prette e Del Prettte (1999).

Procedimento

Antes de iniciar a vivência, o facilitador deve fazer uma leitura cuidadosa do texto de apoio. Esta vivência está dividida em três fases. Na primeira, o facilitador entrega uma folha (A) para cada criança, lendo e explicando a instrução. Após cinco minutos, verifica-se se todas as crianças completaram a tarefa. Em caso de alguma dificuldade, pode solicitar que um colega auxilie aquele que está com dificuldade.

Na segunda fase, as crianças são separadas em duplas e devem conferir com o colega os respectivos trabalhos. Em caso de contradição (dificilmente acontece), elas devem entrar em acordo sobre a resposta correta. O facilitador pede que cada criança escreva, na folha do colega da dupla, um incentivo ou elogio. Se necessário, auxilia a criança a fazê-lo.

A terceira fase é anunciada como uma atividade de cooperação. É distribuído o conjunto de folhas (B), agora uma para cada dupla. A dupla deve decidir qual a participação de cada um na tarefa. O facilitador insiste na divisão das tarefas entre as duas crianças da dupla e na importância da cooperação para realizá-la.

Ao final, o facilitador pede que as duplas indiquem as frases "sinceras da ficha A" e as reformas que fizeram nas demais. O facilitador apresenta *feedback* positivo a todos, explica o valor da sinceridade com base no texto de apoio e propõe algumas perguntas de reflexão, como por exemplo:

- *O que significam as expressões: "Mentira tem perna curta"; "Ninguém engana todo mundo o tempo todo"; "Quem engana demais os outros acaba por enganar a si mesmo"; "Quem conta um conto aumenta um ponto"?*
- *O que vocês acham da pessoa que vive mentindo?*
- *O que a pessoa que vive mentindo sente?*
- *É possível enganar todas as pessoas?*

186 Parte III – Habilidades sociais relevantes: análise e intervenção

- *Será que o nosso rosto mostra quando estamos mentindo? Como?*
- *O que é mentira bem-intencionada?*
- *Quem nunca mentiu?*

Para encerrar, o facilitador solicita, como "tarefa de casa", que os participantes escolham um mnemônico e um dia da semana para evitar falar qualquer mentira. Essa tarefa deve ser cobrada e valorizada no próximo encontro do grupo, discutindo-se então o resultado obtido.

Observações

- Para maior aprofundamento com relação à habilidade de dizer verdadeiramente o que se pensa, recomenda-se o capítulo 2 do livro dos autores: *Psicologia das relações interpessoais: Vivências para trabalho em grupo.*

Variações

- O facilitador pode iniciar esta vivência contando a história do menino que vivia "enganando" os adultos gritando por socorro e inventando perigos que na realidade não existiam; um dia, quando de fato estava correndo perigo, gritou por socorro e não foi atendido, passando por um grande susto.

- Com grupos mais desenvolvidos, pode-se substituir a terceira etapa, solicitando que cada dupla componha uma pequena história em que: a) o personagem contou uma mentira e se deu mal ou b) o personagem contou uma verdade "difícil" e se deu bem.

O SIM E O NÃO

Objetivos

> Séries sugeridas: 3ª a 8ª séries

Específicos

- Compreender o significado das palavras SIM (concordância) e NÃO (discordância)

10. Assertividade

- Discriminar situações em que dizer SIM ou NÃO é inapropriado
- Discriminar situações em que dizer SIM ou NÃO é apropriado

- Assumir posições contrárias ao grupo

Complementares
- Cooperar, participar
- Apresentar sugestão
- Falar em público
- Fazer escolhas

Material
- Texto de apoio: SIM, SIM; NÃO, NÃO!

SIM, SIM; NÃO, NÃO!

Frequentemente as pessoas concordam, isto é, dizem SIM para os outros, mesmo quando estão com vontade de dizer NÃO. Isso pode acontecer porque elas têm receio de contrariar seu grupo. Por exemplo, todo mundo está fumando, alguém me oferece um cigarro e, mesmo sem gostar de fumar, eu aceito o cigarro. Isto quer dizer que eu disse SIM.

Também há ocasiões em que eu digo NÃO, quando na verdade deveria dizer SIM. Por exemplo, minha mãe está cansada e pede para eu ajudá-la guardando uma louça, indo até a padaria para comprar um leite ou pegando um copo de água, e eu digo NÃO.

Hoje nós vamos pensar um pouco nas situações em que dizemos SIM, concordando ou aceitando, e nas situações em que dizemos NÃO, discordando ou recusando. Precisamos descobrir em que situações é adequado dizer o SIM e em que situações é adequado dizer o NÃO.

Parte III – Habilidades sociais relevantes: análise e intervenção

● Fichas A e B.

FICHA A	
Nome: _____ Série: ____	
Data: ___/___/___ Profa. _____	
Situações em que devo dizer SIM	**Situações em que devo dizer NÃO**

FICHA B	
Nome: _____ Série: ____	
Data: ___/___/___ Profa. _____	
Situações em que digo SIM, mas deveria dizer NÃO	**Situações em que digo NÃO quando deveria dizer SIM**

Procedimento

Iniciar explicando a atividade nos termos do texto de apoio, fornecendo exemplos de concordância e discordância, aceitação e recusa.

Dividir os participantes em subgrupos de três a seis participantes cada, relembrar as normas do trabalho em grupo e pedir que escolham um coordenador e um rela-

10. Assertividade

tor. A cada grupo, entregar a ficha A e pedir que faça a lista de situações em que devem dizer SIM e a lista de situações em que devem dizer NÃO. Dar um tempo de 15 minutos para a tarefa, supervisionando os grupos. Quando todos terminarem, entregar a ficha B e pedir que agora listem situações em que dizem SIM quando acham que deveriam dizer NÃO e vice-versa. Dar o mesmo tempo.

Pedir que cada grupo relate, para os demais, as suas respostas, verificar qual outro grupo também identificou os mesmos acontecimentos e dar *feedback* aos participantes.

Finalizar com a "tarefa de casa": dizer SIM em três situações que considerarem adequadas.

Observações

● Essa vivência foi inspirada no poema "Estatutos do homem", de Thiago de Mello, do livro *Faz escuro, mas eu canto*, Editora Martins Fontes, 1987. O facilitador pode ler o poema ou parte dele para o grupo.

● O facilitador deve transcrever, no quadro, as fichas A e B, para facilitar a compreensão das crianças.

● Após algumas aplicações dessa vivência, introduzimos, com bons resultados, alguns dos versos de Thiago de Mello, parafraseados:

Fica decretado que o homem não precisará dizer SIM por medo, nem por sentimento de culpa.

Não precisará dizer NÃO por desrespeito ou impertinência.

Fica estabelecido ainda que o homem poderá dizer NÃO quando o que lhe pedem contém o gosto acre da exploração e o seu NÃO será de altiva sensatez.

Dirá SIM toda vez que julgar contribuir no enriquecimento da vida, mesmo sabendo o quanto é simples a sua contribuição.

● Esta vivência completa é bastante demorada. O facilitador pode dividi-la em duas partes, aplicando-as separadamente, porém não com muitos dias de intervalo entre uma e outra aplicação.

Variações

• Caso o facilitador perceba que os participantes terão dificuldade na identificação das situações, uma alternativa é apresentar uma lista de situações, pedindo que identifiquem aquelas que lhes dizem respeito. Pode deixar, ao final da lista, espaço para que o grupo anote outras situações nas quais eles dizem sim e não.

FAZENDO PEDIDO AO PREFEITO

Objetivos

Específicos

Séries sugeridas: 4ª a 8ª séries

• Conversar com autoridade
• Fazer pedidos
• Exercitar cidadania, direitos
• Argumentar, defender opinião
• Refletir sobre o contexto social
• Ampliar a consciência sobre problemas comunitários
• Diferenciar atitudes assertivas de agressivas e passivas

Complementares

• Apresentar-se
• Cumprimentar, despedir
• Fazer perguntas

10. Assertividade

- Agradecer
- Concordar/discordar
- Representar papéis
- Identificar componentes verbais e não verbais de desempenhos sociais

Material

- Lápis
- Caixa de sapato (urna)
- Folha de *Instruções gerais*

INSTRUÇÕES GERAIS

Imagine que você é morador de um bairro que necessita de vários serviços, como, por exemplo, coleta de lixo regular, limpeza do mato das ruas e terrenos baldios. Além disso, quando as mães saem para trabalhar, não têm onde deixar seus filhos protegidos e em segurança. Os moradores desse bairro se reúnem e decidem escolher uma comissão para marcar audiência (conversa) com o prefeito da cidade.

Três grupos se apresentam para representar o bairro e solicitar providências ao prefeito. Os moradores decidem criar uma situação para avaliar e escolher a comissão que irá representá-los. Observe cada comissão fazendo o mesmo pedido, em nome do bairro, para o prefeito. A sua avaliação não deve ser influenciada porque um participante de uma comissão é seu amigo, ou porque você quase não fala com um colega de uma outra comissão.

Ao final das apresentações faça sua escolha, preenchendo a ficha que lhe foi dada.

192   Parte III – Habilidades sociais relevantes: análise e intervenção

- Fichas para cada criança indicar a comissão escolhida

Eu, ... escolho a comissão ....

.... como representante do nosso bairro, para conversar, em nosso nome, com o prefeito da cidade.

Escolhi essa equipe porque: ....

....

....

....

- Texto de orientação a cada comissão, sobre a forma como devem falar com o prefeito:

COMISSÃO A: 1) gaguejar ao falar; 2) prometer uma festa ao prefeito; 3) aceitar o cafezinho oferecido pelo prefeito; 4) concordar com tudo o que o prefeito propor.

COMISSÃO B: 1) argumentar sobre a necessidade do bairro; 2) ser educada, porém firme; 3) aceitar o cafezinho; 4) insistir no atendimento do pedido; 5) convidar o prefeito para pessoalmente constatar os problemas.

COMISSÃO C: 1) falar excessivamente alto, interrompendo a fala do prefeito; 2) recusar o cafezinho; 3) bater na mesa, dizendo que o pedido precisa ser atendido; 4) falar ao mesmo tempo no final (todos).

- Texto de orientação para o participante que vai fazer o papel do prefeito:

PAPEL DE PREFEITO

Comportamento com todas as comissões: 1) perguntar como "os moradores" estão; 2) oferecer um cafezinho para a comissão; 3) dizer que a prefeitura tem muitos problemas também; 4) encerrar a entrevista dizendo: *Eu irei estudar o problema, aguardem minha resposta.*

10. Assertividade 193

> **Somente para a Comissão A:** dizer que tem muitos amigos no bairro e que deu uma bola para as crianças brincarem.
>
> **Somente para a Comissão B:** balançar a cabeça em sinal afirmativo quando falarem sobre os problemas do bairro.
>
> **Somente para a Comissão C:** balançar a cabeça em sinal negativo quando falarem muito alto.

Procedimento

Inicialmente, o facilitador coloca as instruções gerais em lugar visível a todos os participantes, forma três grupos, cada um com três crianças, e escolhe uma outra criança para fazer o papel de prefeito. Nomeia, então, os grupos como Comissão A, Comissão B e Comissão C, entregando a cada uma delas o texto de orientação correspondente e explicando as instruções nele contidas. Para a última criança, entrega e explica o texto de orientação *Papel de prefeito*.

Os grupos são colocados distantes uns dos outros e das demais crianças. Cada grupo recebe a incumbência de solicitar, ao prefeito, providências para solucionar os problemas: a) excesso de mato nas ruas e terrenos baldios; b) irregularidade na coleta de lixo; c) falta de local onde as mães possam deixar seus filhos em segurança quando elas saem para trabalhar. Aos demais pede que observem com atenção.

Após a última comissão se apresentar, o facilitador solicita que as crianças escolham aquela que deverá representar o bairro, colocando-se como morador do mesmo. Cada criança deve dar o seu voto e colocá-lo na urna. Depois disso, com o auxílio de uma criança, o facilitador faz a apuração dos votos.

Ao final, comenta o resultado, enfatizando a importância das ações educadas e firmes na reivindicação de direitos e no exercício de cidadania. Explica também que,

194 Parte III – Habilidades sociais relevantes: análise e intervenção

tanto a postura passiva (Comissão A) como a postura agressiva (Comissão C), têm menor chance de atingir os objetivos pretendidos. Pede às crianças que identifiquem os componentes da fala e do "jeito" (expressão facial, gestos etc.) que caracterizaram cada uma dessas posturas.

Observações

● Por ser razoavelmente extensa, esta vivência pode ser feita em duas etapas, a primeira até a formação das comissões. Isso também é importante para o facilitador verificar a motivação do grupo.

Variações

● Em se tratando de programa aplicado na escola ou comunidade, pode-se solicitar às crianças que listem problemas verdadeiros, incentivando-se, ao final, que o grupo forme uma comissão com participantes de cada equipe e leve uma questão pertinente à sua Associação de Bairro.

11
Solução de problemas interpessoais

As soluções, eu já as possuo há muito tempo, mas ainda não sei como cheguei a elas (Gauss).

Os problemas interpessoais das crianças podem ser bem simples, tais como decidir qual jogo vão brincar ou com quem conversar. Também podem ser mais complicados: decidir o que fazer para evitar uma briga, alcançar maior popularidade entre os colegas e lidar com brincadeiras inoportunas. Nos primeiros anos do desenvolvimento da criança, solucionar problemas interpessoais pode significar pedir ajuda aos pais ou a outros cuidadores. À medida que a criança se desenvolve, novos e diferentes problemas surgem, esperando-se que, com a ampliação de seu repertório de habilidades, ela os resolva independentemente dos adultos ou solicite auxílio apenas para os mais complicados.

Alguns problemas interpessoais geram ansiedade e levam à esquiva ou fuga, ao invés do enfrentamento socialmente competente. Imagine uma criança em seu primeiro dia na escola. Ela precisa descobrir onde fica sua sala, o banheiro e a cantina, aprender a fazer estimativa de tempo de tarefas ou do recreio, organizar seu material, reconhecer a professora e colegas ou evitar os que lhe parecem ameaçadores. A maioria das reações a essas demandas precisa ocorrer imediatamente, em diferentes situa-

196 Parte III – Habilidades sociais relevantes: análise e intervenção

ções, enquanto que outras podem ser adiadas. O não enfrentamento satisfatório pode dificultar sensivelmente o ajustamento escolar da criança e levá-la a considerar a escola como algo ameaçador. O enfrentamento satisfatório, por outro lado, implica no exercício de habilidades, destacando-se, aqui, as de solução de problemas interpessoais.

1. Solução de problemas e outras habilidades sociais

Os programas de solução de problemas foram, inicialmente, desenvolvidos de forma independente do Treinamento de Habilidades Sociais. Alguns deles incluíam as habilidades de autocontrole e expressividade emocional como parte do processo[41]. No Brasil, há pouca pesquisa nessa área, podendo-se destacar o relato de um programa, conduzido em uma escola municipal com 55 estudantes de primeira série[42], baseado em procedimentos desenvolvidos por uma pesquisadora americana[43].

Entende-se que as habilidades de solução de problemas interpessoais estão articuladas às demais habilidades sociais, reconhecendo-se a sua complementaridade com as assertivas e empáticas, quando o objetivo é garantir maior satisfação pessoal e manutenção da qualidade da relação. Por outro lado, as demandas para civilidade, empatia e assertividade muitas vezes se caracterizam como processos de solução de problemas e tomadas de decisão (*Expressar ou não? Como expressar? Como lidar com determinadas situações?*) que não se restringem a processamento cognitivo mas que dependem, também, de autocontrole, expressividade emocional, assertividade etc.

---

41. Ver: Elias e Tobias (1996); Fraser, Nash, Galinsky e Darwin (2000); Weissberg, Caplan e Harwood (1991).
42. O programa foi conduzido por Borges (2002), em sua dissertação de mestrado. Ver, também: Elias e Marturano (2004).
43. Trata-se do programa desenvolvido por Shure (1993).

11. Solução de problemas interpessoais 197

Conquanto o processo de solução de problemas requeira algum desenvolvimento cognitivo, diferentemente do que muita gente supõe, não há uma relação direta entre "alta inteligência" e adequada solução de problemas interpessoais. O inverso, "baixo desempenho intelectual" e dificuldade na solução de problemas, pode ocorrer, porém não em um sentido causal. O fato de existirem crianças que, não obstante suas dificuldades de aprendizagem, apresentam boa capacidade nessa área, sugere outros componentes importantes nesse processo.

As pesquisas mostram que as habilidades de solução de problemas interpessoais estão associadas a uma maior capacidade da criança em lidar com as fontes potenciais de estresse, a uma melhora da competência social na adolescência e à diminuição da impulsividade[44]. Trata-se de uma área do desenvolvimento interpessoal especialmente valorizada como fator protetor dos problemas de agressividade, violência e comportamentos antissociais[45].

Há evidências empíricas de que crianças agressivas apresentam dificuldade no processamento de informação social[46] e, mais especificamente, para interpretar acuradamente as mensagens necessárias à relação diádica satisfatória, com tendência, em situações ambíguas, a atribuir intenções hostis aos outros. Adicionalmente, constatou-se que os problemas de comportamento, especialmente os externalizantes, não estão necessariamente associados a déficit em habilidades de solução de problemas, mas à inadequação das alternativas selecionadas para sua solução[47].

---

44. Ver: Dubow e Tisaki (1989); Elias e Tobias (1996); Fraser, Nash, Galinsky e Darwin (2000); Shure (1993).

45. Ver: Dodge (1980; 1993); Elias e Weissberg (1990); Walker e Severson (2002).

46. Ver: Covell e Scalora (2002); Dodge (1980; 1986; 1993); Geer, Estupinan e Manguno-Mire (2000); Kaukianinen e colaboradores (1999).

47. Pont (1995).

198 Parte III – Habilidades sociais relevantes: análise e intervenção

2. O que é um problema interpessoal

Com base em importantes pesquisadores da área[48], procuramos apresentar um conceito suficientemente abrangente e simples para dar conta da variabilidade de contextos em que ocorrem problemas interpessoais:

> Um problema interpessoal pode ser conceituado como um desequilíbrio na relação, quando uma das partes se sente prejudicada pela ação da outra ou uma discrepância entre a condição presente e a condição desejável de relacionamento com outra(s) pessoa(s).

A maioria dos problemas interpessoais que as crianças relatam recai na primeira condição e se caracteriza pela remoção de estimulação desagradável produzida por alguém, ou seja, como algo indesejável do qual precisam se livrar o mais rápido possível. Por exemplo, uma criança queixa-se de que, quando foi à cantina, um colega passou rapidamente por ela, arrancando-lhe o lanche da mão. Outra reclama que os colegas a deixam fora das brincadeiras e fazem troça dela. Nesses exemplos, as duas crianças precisam fazer alguma coisa para se livrarem da condição em que se encontram.

Alguns problemas, no entanto, podem envolver simplesmente a aquisição de uma condição mais desejável, mesmo que a atual não se configure como aversiva. Por exemplo, um menino brinca de bola, no quintal de sua casa, fazendo embaixadas. Ele já teve experiência em jogos de bola com colegas e sabe o quanto isso é agradável, mas ele está só. Então, vê três colegas, com idade aproximada da sua, passando pela rua e entende que também deve fazer alguma coisa – conseguir companheiros – se pretende alterar para melhor sua condição atual.

---

48. Ver: Bedell e Lennox (1997); Elias e Clabby (1992); Elias e Tobias (1996); Fraser, Nash, Galinsky e Darwin (2000).

11. Solução de problemas interpessoais

> A solução de problemas é um processo metacognitivo com a dupla função[49] de levar a pessoa a: (a) conhecer seus próprios comportamentos, pensamentos e sentimentos; (b) alterar seu comportamento subsequente com base nesse conhecimento.

A competência em solucionar problemas e tomar decisões está tipicamente baseada na conexão entre as maneiras como a pessoa pensa, sente e age, envolvendo várias etapas de processamento de informação. A decisão de desempenhar, ou não, qualquer habilidade social já implica em um processamento cognitivo prévio de escolha da melhor alternativa para lidar com uma dada demanda. Por outro lado, a implementação de um curso de ação em relação a outras pessoas requer, necessariamente, o desempenho de habilidades sociais. Portanto, o âmbito da solução de problemas interpessoais e o da competência social, em termos de desempenho, são bastante sobrepostos, ou seja, algumas habilidades sociais específicas podem ser fundamentais para o processo de solução de problemas e este é também crucial para a competência social.

Uma análise dos programas disponíveis na literatura da área de solução de problemas interpessoais[50] mostra semelhanças e diferenças entre as propostas dos diversos autores. Uma semelhança bastante visível é que, na análise desse processo, há sempre uma ênfase nas habilidades de geração de alternativas e de raciocínio consequencial. Uma diferença saliente é a quantidade de etapas ou passos para descrever os comportamentos intermediários e sucessivos até a solução final: alguns autores acrescentam passos anteriores ou posteriores aos que são recorrentes nas várias propostas. Entendemos que a definição

---

49. Com base em Madruga e Lacasa (1993).
50. Um dos trabalhos pioneiros nessa área foi o de Spivack e Shure (1982).

200   Parte III – Habilidades sociais relevantes: análise e intervenção

da quantidade de passos depende dos pré-requisitos identificados no repertório da clientela sob atendimento.

3. Princípios gerais para o treinamento em resolução de problemas

Antes de iniciar um treinamento grupal em solução de problemas com crianças, o facilitador deve apresentar e discutir com elas alguns princípios norteadores da efetividade desse processo. Considerando a proposta de dois especialistas da área[51], deveriam ser enfatizados pelo menos sete princípios, que procuramos adaptar à nossa realidade:

1. *Problemas são acontecimentos naturais.* É importante reconhecer que problemas fazem parte da existência e que muitas vezes não são ruins, nem necessariamente trazem infelicidade. As pessoas que veem problemas como coisas más ficam ansiosas, evitam falar sobre eles e têm pouca motivação para resolvê-los.

2. *Pensar antes de tomar a decisão.* Com muita frequência, tentamos resolver um problema de imediato, utilizando a primeira alternativa que nos surge. Há uma maior probabilidade de sermos bem-sucedidos se pensarmos antes, verificando primeiro se de fato há um problema, qual a sua natureza e quais as possíveis alternativas de solução. Isso possibilita avaliar essas alternativas, selecionar as mais prováveis de alcançar sucesso e viabilizar um curso de ação correspondente.

3. *Problemas, em sua maioria, podem ser resolvidos.* Um padrão de comportamento de muitas pessoas, especialmente das que não possuem habilidades de solução de problema, é o de negá-lo, ignorá-lo ou expressar incapacidade de solucioná-lo. Tais comportamentos podem ser considerados como fuga e esquiva pouco adaptativas.

---

51. Essa proposta foi adaptada de Bedell e Lennox (1997), que desenvolvem programas de solução de problemas em escolas.

11. Solução de problemas interpessoais 201

Em geral, somente sabemos que um problema é solucionável e que temos recursos para isso, quando nos engajamos no processo.

4. *Assumir a responsabilidade pelo problema.* Uma criança se envolve na solução de um problema se assumir que é, direta ou indiretamente, responsável por ele. Essa atitude não significa desenvolver excesso de autocrítica, lamentação ou sentimento de culpa. Em vez disso, é importante reconhecer nossa participação nos acontecimentos e experiências da vida e nossa capacidade enquanto agentes de mudança. Na maioria das vezes, é sempre possível fazer alguma coisa em relação a um problema.

5. *Enfatizar o que se pode, mais do que o que não se pode fazer.* Com relativa frequência, algumas crianças pensam em solucionar um problema deixando de emitir certos comportamentos. Por exemplo, ao receber uma crítica por algumas ideias, a criança decide ficar em silêncio ou "nunca mais falar sobre aquele assunto". Essa restrição comportamental autoimposta tem alta probabilidade de gerar desconforto e desnecessária diminuição de contato com aquele que a criticou. A solução mais adaptativa seria descobrir como lidar com a diferença de opinião e quais outros assuntos poderiam ser implementados na conversação. Quando as diferenças são aceitas e as pessoas lidam de maneira adequada com isso, elas desenvolvem alternativas mais satisfatórias. Por outro lado, simplesmente evitar certas áreas de conflito dificulta a manutenção e melhoria do relacionamento.

6. *Agir dentro do que é legal e socialmente aceitável.* Na tentativa de resolver problemas, algumas vezes a criança pode se comportar de maneira não habitual e ultrapassar os limites do que é legal e socialmente aceitável. Por exemplo, algumas crianças jogam futebol e, de repente, um garoto chuta a bola que cai na casa ao lado do "campinho", estragando uma planta do jardim. Uma delas, temendo consequências, decide saltar o muro e, às escondidas, retornar com a bola. Seu comportamento de entrar no terre-

202 Parte III – Habilidades sociais relevantes: análise e intervenção

no do vizinho, sem a permissão deste, é socialmente reprovável e contraria o que seria esperado para a situação.

7. *As soluções devem fazer parte de nossa possibilidade e capacidade.* Existem problemas que ultrapassam nosso campo de ação. A criança precisa reconhecer que tem acesso direto ao seu próprio comportamento e algum controle sobre ele. Com relação ao outro, suas possibilidades de ação são menores ou mínimas, cabendo-lhe apenas fazer tentativas para ajustar o comportamento do interlocutor na direção desejada, o que poderia incluir: (a) solicitar mudança de comportamento; (b) prover informação, por exemplo, sobre seus sentimentos; (c) negociar. Caso o outro responda positivamente, ela pode ajudá-lo com *feedback*, orientações e incentivo.

A aceitação desses princípios reduz as frustrações, a ansiedade e, adicionalmente, ajuda a definir o problema de maneira apropriada e a formular expectativas realísticas a respeito do comportamento dos outros. Gera, também, maior disposição para aceitar e compreender a lógica dos passos requeridos na solução de problemas, conforme descritos a seguir.

4. Passos e habilidades na solução de problemas e tomada de decisão

O processo de solução de problemas, interpessoais ou não, pode se tornar razoavelmente automatizado. Os passos e habilidades envolvidos nesse processo apenas descrevem, de forma esquemática, operações que são realizadas, em uma fração de segundos, pelas pessoas bem-sucedidas nessa tarefa. Aprender a solucionar problemas requer, portanto, tornar essas operações mais conscientes e racionais, menos emocionais ou impulsivas.

Alguns autores[52] defendem que o processo de solução de problemas em grupo, por exemplo, na clínica ou na es-

---

52. É o caso, por exemplo, de Weissberg, Stroup, Jackson e Shriver (1993).

11. Solução de problemas interpessoais   **203**

cola, seja precedido pelo treinamento de habilidades básicas de prontidão como as de: manter a calma, identificar a situação-problema, pensar antes de agir e identificar o que pensa e sente sobre as próprias condições para solucionar o problema. Além dessas habilidades, são incluídas as de prestar atenção à postura corporal, ao contato visual, ao tom de voz e à escolha das palavras[53].

No caso da solução de problemas interpessoais e da decisão pelo desempenho das demais habilidades sociais (que, em muitos casos, requerem um processo de solução de problemas), é importante a criança controlar sua impulsividade, já que ela interfere na identificação e interpretação correta dos sinais sociais, principalmente quando eles se apresentam de modo sutil, no tom de voz, na expressão facial e na linguagem figurada ou irônica, implicando uma discriminação mais refinada da situação. A tendência geral[54] é de adotar regras pré-programadas, relativamente automatizadas, na decodificação das dicas sociais. Tais regras podem ser úteis, em alguns casos, quando simplificam a complexidade do processamento social, mas se tornam problemáticas quando produzem interpretações pouco acuradas ou conflituosas. É o caso, por exemplo, da criança que tende a interpretar como ameaçadora a aproximação de colegas, reagindo de maneira agressiva. Para funcionar de forma adequada em seu ambiente, essa criança precisa ser ajudada a quebrar esse automatismo "de defesa", aprendendo a controlar a impulsividade e a discriminar os sinais emitidos pelo colega para interações amistosas.

Focalizando o cerne do processo de solução de problemas interpessoais e combinando as principais habili-

---

53. Esses autores usam o acróstico em inglês "BEST" para ajudar a criança a prestar atenção, respectivamente, a quatro aspectos referidos como: B = *body posture* (postura corporal), E = *eye contact* (contato visual), S = *saying appropriate things* (dizer as coisas apropriadas), T = *tone of voice* (tom de voz).

54. Conforme Fraser, Nash, Galinsky e Darwin (2000).

204 Parte III – Habilidades sociais relevantes: análise e intervenção

dades contempladas nos vários programas disponíveis[55], pode-se resumi-lo nos passos a seguir.

4.1. Admitir a existência de um problema.

Até mesmo o reconhecimento da existência de um problema pode ser uma experiência pouco usual para a maioria das pessoas e, em particular, para as crianças. Em geral, elas percebem seus problemas interpessoais de modo difuso, explicitados em frases como: *Algo não vai bem entre eu e fulano!; Ela me deixa maluca!; Não consigo fazer amizade!; Ninguém gosta de mim!* Essas frases estão, geralmente, associadas a sentimentos desconfortáveis de estresse ou de aborrecimento que constituem os sinais mais prontamente perceptíveis de que há um problema e de que alguma coisa precisa ser feita.

O sentir assume um papel de destaque porque é uma condição que ajuda a sinalizar a existência de um problema[56]. Entretanto, o sentimento pode ser um fator negativo sobre a capacidade de resolver o problema, se a criança não apresentar um mínimo de controle emocional e inibição da impulsividade[57]. De fato, algumas vezes, as crianças se sentem confusas em suas emoções, podendo reagir com briga, fuga, sentimentos de frustração ou tristeza. A maioria dos programas dedica boa parte do tempo a atividades, jogos, estórias etc., com o objetivo de levar as crianças a identificarem sentimentos em si mesmas e nos outros, diferenciar sentimentos, relacioná-los a diferentes situações, reconhecer e regular os próprios sentimentos.

---

55. Ver: Fraser e colaboradores (2000); Elias e Tobias (1996); Bedell e Lennox (1997), Shure (1993).

56. De acordo com as considerações Elias e Tobias (1996).

57. Ver: Fraser e colaboradores (2000); Elias e Tobias (1996); Elias e Weissberg (1990).

11. Solução de problemas interpessoais **205**

4.2. Identificar o problema e definir objetivos ou metas

Os sentimentos desconfortáveis ou a sensação difusa de problema ou de conflito costumam ser paralisantes. Mover-se do estresse e dos demais sentimentos negativos para a identificação do que está acontecendo implica em verbalizar claramente qual é o problema, ou seja, colocá-lo em palavras. Para isso, a criança precisa identificar os elementos que caracterizam o problema, buscando responder perguntas do tipo *O quê?, Quando?, Onde?, Como?* e *Com quem?*, aqui incluindo-se as pessoas envolvidas e suas próprias motivações, sentimentos, pensamentos. Alguns exemplos de perguntas são sugeridos:

- *O que a outra pessoa me fez para criar essa situação incômoda ou insatisfatória?*
- *O que eu ou nós fizemos ou deixamos de fazer?*
- *Há quanto tempo isso vem ocorrendo?*
- *O que eu converso com essa pessoa e o que ela diz que me incomoda?*
- *Qual situação é mais confortável ou menos desconfortável para mim?*

Além de fazer as perguntas corretas, a criança precisa decidir *o que* deseja alterar da condição atual, considerada insatisfatória, e o que ela gostaria de restabelecer, ou seja, o objetivo da solução do problema. Em outras palavras, ela precisa determinar e selecionar os objetivos, podendo ser ajudada, ainda, por meio de perguntas como: *O que* você *gostaria que acontecesse; O que você quer que pare de ocorrer?* Para facilitar esse processo, podem ser utilizados procedimentos que levem a criança a visualizar, desenhar, imaginar ou descrever esses objetivos.

Tomemos, por exemplo, a situação em que a criança teve seu lanche apropriado pelo colega. Recuperá-lo poderia ser o objetivo principal, mas ela pretende, também, reduzir brincadeiras desse tipo que o colega costumeiramente lhe faz. Em muitos casos, é importante listar um conjunto de aspectos da condição presente que gostaria

206 Parte III – Habilidades sociais relevantes: análise e intervenção

de alterar, selecionando-se, depois, somente um ou poucos prioritários que seriam tomados como objetivos.

4.3. Formular alternativas de solução

A definição de um determinado problema pode indicar se há uma única alternativa de solução ou se há várias que poderiam ser objeto de escolha ou, de algum modo, articuladas entre si. De qualquer maneira, é importante pensar e listar alternativas de solução. O procedimento mais simples para ajudar a criança a fazer isso é por meio de perguntas seguidas a cada alternativa que ela oferece, tais como: *O que mais você poderia fazer?; Essa é uma ideia, vamos pensar em outras antes de decidir?* Um outro procedimento é o de solicitar que a criança imagine uma pessoa conhecida, supostamente bastante habilidosa, vivendo o mesmo problema. Ela deve imaginar quais alternativas essa pessoa adotaria para solucionar o problema. Na maioria das vezes, essa técnica diminui a ansiedade da criança permitindo que ela veja o problema de outra maneira.

No caso de dificuldade da criança nessa etapa, pode-se apresentar um problema similar e as alternativas encontradas[58]. Esse procedimento fornece modelo do comportamento de gerar alternativas e provê, adicionalmente, um esquema de referência para o estabelecimento de analogias entre problemas.

4.4. Prever consequências e escolher uma alternativa

Antes da escolha, cada alternativa deve ser avaliada, uma a uma, em termos de seus possíveis custos, efetividade e viabilidade de implementação. Para isso, algumas perguntas podem ser úteis:

- *Essa alternativa restaura o equilíbrio anterior?*
- *Essa alternativa considera as necessidades do outro?*

---

58. Sugestão de Bedell e Lennox (1997).

11. Solução de problemas interpessoais

- *Essa alternativa é legal e socialmente aceitável?*
- *Essa alternativa é possível de ser implementada?*

Um segundo procedimento, mais elaborado, pode ser útil em alguns casos. Ele consiste em escrever, em uma lista, todas as alternativas em uma primeira coluna, os ganhos de cada alternativa em uma segunda coluna (pontuando de +1 a +5) e os custos em uma terceira (pontuando de -1 a -5). As alternativas com valores mais negativos (custos maiores do que ganhos) seriam descartadas; as alternativas com valores mais positivos seriam selecionadas para uma avaliação final, até se encontrar a melhor ou combinar duas ou mais consideradas melhores.

Retomando o exemplo anterior em que um grupo de crianças, jogando futebol, deixa a bola cair no jardim da vizinha, elas poderiam definir o problema na forma da pergunta: *Como recuperar a bola?* Entre as alternativas, poderiam aparecer algumas do tipo: (a) pular o muro, pegar a bola e retornar para o campinho; (b) esperar que o vizinho devolva a bola; (c) solicitar à mãe de alguém do grupo que recupere a bola; (d) esperar que alguém da casa apareça e então solicitar a devolução; (e) apertar a campainha, explicar o ocorrido e solicitar a bola; (f) apertar a campainha e pedir a devolução da bola, inventando que um menino desconhecido propositalmente atirou-a para o jardim. A utilização da avaliação e dos princípios (seção 3, deste capítulo), certamente indicaria a opção (e) como a melhor, o que poderia implicar em oferecer algum tipo de compensação, ao vizinho, pelo estrago ocasionado.

4.5. Implementar a alternativa de solução escolhida e avaliar os resultados

Quando a criança escolhe uma alternativa, é importante que ela planeje sua execução, antecipando possíveis imprevistos ou obstáculos, verificando se tem condições de executá-la, preparando-se para isso em termos de escolha da melhor ocasião e de seu melhor desempenho.

Parte III – Habilidades sociais relevantes: análise e intervenção

Eventualmente, esse desempenho deve ser previamente ensaiado. Aqui também são importantes as perguntas *O quê?*, *Quando?*, *Quem?*, *Onde?*, *Com quem* e *Para quem?* Desde que a criança tenha as condições necessárias, ela está pronta para implementar o curso de ação. No exemplo da bola que caiu na casa do vizinho, ao ser atendida, ela cumprimentaria a pessoa, faria breve relato do ocorrido, pediria licença para pegar a bola, expressaria disposição para fazer algo que diminuísse o estrago (caso houvesse) e finalizaria agradecendo o atendimento.

Após o desempenho, é importante avaliar como ele ocorreu, se ocorreu de acordo com o plano e qual foi o resultado. Um desempenho de acordo com o plano aumenta a probabilidade de sucesso, porém nem sempre uma consequência satisfatória é resultado da adequação plano-desempenho. No caso de treinamento em solução de problemas e tomada de decisão, os passos podem ser refeitos até que o problema seja superado. Além disso, para que a criança aprenda a cada experiência de solução de problemas e pratique todo o processo, é importante ajudá-la a perceber e a avaliar a experiência passada, usando-a como base para situações e decisões futuras.

5. Habilidades envolvidas

Conforme descrito nas seções anteriores, as principais habilidades envolvidas em um processo de solução de problema interpessoal podem ser sumarizadas nas seguintes:

- Acalmar-se diante de uma situação-problema;
- Pensar antes de tomar decisões (lembrando os "princípios");
- Reconhecer e nomear diferentes tipos de problemas;
- Identificar e avaliar possíveis alternativas de solução;
- Escolher, implementar e avaliar uma alternativa;
- Avaliar o processo de tomada de decisão.

6. Vivências

Várias das vivências apresentadas nesta obra estabelecem condições ou demandas para solução de problemas. Algumas delas incluem, entre seus objetivos, a promoção de habilidades que são componentes do processo de solução de problemas, tais como: discriminação dos próprios sentimentos e dos sentimentos dos outros; raciocínio consequencial; elaboração de alternativas de reação; avaliação de reações próprias e dos demais; escolha entre alternativas de reação. Para a promoção das habilidades específicas desse processo, seguem-se algumas vivências. O facilitador pode, também, criar novas vivências ou recorrer a outras já publicadas[59], por exemplo: *Caminhos atravessados; Buscando saídas; Sua vez, outra vez; Perdidos na ilha; A fumaça e a justiça; A tarefa de Atlas; O mito de Sísifo; Inocente ou culpado.*

ENTRADA NO PARAÍSO

Objetivos

Específicos

Séries sugeridas: 1ª a 8ª séries

• Conversar com pessoas de autoridade
• Fazer pedidos
• Avaliar, aceitar ou recusar justificativas e pedidos
• Desenvolver a persistência

• Aceitar recusa, lidar com a frustração
• Lidar com críticas (aceitar/rejeitar)

---

59. Del Prette & Del Prette (2001).

Parte III – Habilidades sociais relevantes: análise e intervenção

Complementares

- Elogiar
- Observar e discriminar falhas no desempenho

Material

- Giz

Procedimento

O facilitador traça com giz, no piso, uma linha demarcando duas áreas na parte da frente da sala: uma é denominada PARAÍSO e a outra JULGAMENTO. À porta do paraíso permanecerão duas crianças como guardiãs, uma próxima à outra, em pé. A área de JULGAMENTO será ocupada por três grupos com três participantes cada um. As demais crianças permanecerão em seus lugares e deverão observar, podendo ser chamadas, a qualquer momento, para formar um novo grupo ou para substituir os guardiões.

Cada grupo da sala de julgamento deve discutir e elaborar uma justificativa para o pedido de entrar no paraíso, a ser apresentado aos guardiões. Os guardiões são instruídos, em voz baixa no início da vivência, a recusarem pedidos que apresentem as características:

- Solicitação feita de forma arrogante, com afirmações do tipo: *Nós queremos, nós temos o direito!*, em tom de voz muito alto, demonstrando desprezo ou coerção.

- Solicitação feita com subserviência, pouco sincera, com bajulações do tipo: *Magníficos guardiões!* ou com apelações como, por exemplo: *Somos três coitadinhos, tenham dó da gente, pobres sofredores!*

Em caso de dúvida, os guardiões devem consultar o facilitador, que pode orientá-los, cabendo-lhes, no entanto, a palavra final. O grupo que não teve seu pedido aceito poderá refazê-lo e reapresentá-lo posteriormente. Quando do um grupo é admitido no paraíso, outro é formado pelo

11. Solução de problemas interpessoais   211

facilitador, mantendo-se, portanto, três grupos na área de Julgamento.

Ao final da vivência o facilitador discute com todos os participantes a importância das habilidades de fazer pedidos, conversar com autoridades, recusar pedidos, argumentar, rejeitar críticas, aceitar críticas e se desculpar.

Observações

• Esta vivência é uma versão modificada de uma anterior, dos mesmos autores, publicada no livro *Psicologia do relacionamento interpessoal: Vivências para o trabalho em grupo*.

• É importante que todos os grupos consigam entrar no paraíso. Se um grupo estiver com maior dificuldade, o facilitador pode pedir que outro grupo (bem-sucedido) o ajude a elaborar a justificativa para entrada.

Variações

• No caso de dificuldade dos participantes em fazer pedidos, sugere-se repetir a vivência com as solicitações sendo feitas individualmente.

• Ao invés de solicitar entrada no paraíso, podem ser criados outros contextos visando a habilidade de fazer pedidos, participar de um grupo de teatro, de uma equipe esportiva, de negociação etc.

RESOLVENDO PROBLEMAS INTERPESSOAIS

Objetivos
Específicos

Séries sugeridas: 2ª a 8ª séries

• Desenvolver habilidades de analisar problemas e tomar decisões

• Compreender a importância das decisões

• Negociar

- Coordenar grupo
- Falar em público

Complementares

- Falar em público

Material

- Ficha de problemas

PROBLEMA 1. José era frequentador habitual de uma certa doceria. Aquela tarde, ele estava com muita fome e frio e resolveu comprar um chocolate para se alimentar. Ao se dirigir à vendedora, colocou a mão no bolso e percebeu que havia esquecido o dinheiro em casa. Sua vontade de comer o chocolate parecia até ter aumentado. O que José pode fazer?

PROBLEMA 2. Renata ficou sabendo que Marina estava muito magoada com ela porque pensava que ela havia quebrado o seu estojo. Para complicar a situação, Marina parece estar evitando-a. Em um primeiro momento, Renata pensou em deixar as coisas como estavam, mas continuou se sentindo muito incomodada com isso. O que Renata pode fazer para resolver a situação?

PROBLEMA 3. Alguns meninos espalharam que Rodrigo estava interessado em "ficar" com Juliana. Juliana sentiu uma grande irritação, pois esperava que ele próprio a procurasse. Rodrigo, surpreso com tudo isso que estava acontecendo, passou a evitar a Juliana, que era muito sua amiga. Além disso, não sabia como lidar com os colegas, que começaram a fazer gozações em cima dele. Como o grupo acha que o Rodrigo pode resolver o problema?

PROBLEMA 4. Paulinho fez um excelente trabalho sobre Ecologia e, ainda, ajudou vários colegas a completarem seus próprios trabalhos. Sua expectativa era obter uma avaliação bastante positiva, pois sabia que era muito bom nesse assunto e tinha caprichado bastante. Quando o professor devolveu os trabalhos avalia-

11. Solução de problemas interpessoais 213

dos, a sua nota ficou bem abaixo das obtidas por outros colegas, incluindo aqueles que ele havia ajudado. Seu sentimento foi de frustração, desânimo e também um pouco de revolta. O professor era pouco conhecido da turma. Um outro colega, que havia tirado nota baixa, foi reclamar de forma bastante agressiva e recebeu severa reprimenda do professor. Apesar disso tudo, Paulinho não se conformava e achava que devia fazer alguma coisa. Mas... o quê? O que o grupo acha?

PROBLEMA 5. Verinha tem 11 anos e mudou-se recentemente para a atual escola. Ela é muito boa em Matemática e Desenho, mas sempre preferiu estudar sozinha. Sua turma é bem preparada; apenas Alfredo, Márcia e Helen parecem apresentar mais dificuldade em Matemática. Nessa nova escola, Verinha está se sentindo muito só, pois os grupos de trabalho e de amizade já estão formados. Nesta semana, ela foi convidada para um aniversário, mas acabou não se entrosando com ninguém. Desanimada, saiu mais cedo da festa e não conseguiu evitar de chorar bastante depois. Verinha tem pensado na possibilidade de procurar as antigas colegas, mas estas moram muito longe e, por certo, já estariam também enturmadas com novos amigos. Como o grupo acha que Verinha poderia resolver o seu problema?

Procedimento

Inicialmente é recomendado que o facilitador releia os passos no processo de solução de problemas e tomada de decisão (seção 4). Iniciando a vivência, o facilitador pode fazer referência a alguns dos princípios que devem nortear a solução de problemas, especialmente os itens 1, 2 e 3. Dá alguns exemplos de problemas comuns no cotidiano das crianças e antecipa que irão exercitar uma forma bastante efetiva de pensar e de solucionar problemas em grupo.

O facilitador divide os participantes em pequenos grupos, recomendando que cada grupo escolha um coordenador e um relator. Explica, então, que há passos a se-

214 Parte III – Habilidades sociais relevantes: análise e intervenção

rem seguidos e que é importante prestarem bastante atenção às suas instruções.

Entrega, a cada grupo, um texto com o enunciado de um problema diferente, estabelecendo um tempo para: a) identificarem e resumirem o problema e o objetivo do personagem; b) listarem todas as alternativas pensadas pelo grupo, mesmo aquelas consideradas pouco pertinentes. Durante a atividade, o facilitador percorre os grupos, verificando e incentivando a elaboração de alternativas e a participação de todos.

Após o término dessa fase, pede que cada grupo analise, uma a uma, todas as alternativas, avaliando-as em sua efetividade e viabilidade. Depois, que escolha as que considera com maior probabilidade de solucionar o problema e proponha a sua implementação. Novamente, monitora os grupos, apresentando pequenas sugestões ou perguntas que auxiliem o encaminhamento do processo.

Ao final, pede que cada grupo apresente aos demais: (a) o resumo do problema; (b) o objetivo do personagem; (c) as alternativas; (d) a solução encontrada. O facilitador pede que um grupo dê *feedback* ao outro e dá, ele também, *feedback* a todos, reafirmando a importância dos passos para a solução efetiva de problemas interpessoais.

Observações

- A solução dos problemas listados na ficha envolve o exercício de algumas habilidades tais como: negociar, fazer pedidos, falar com autoridade e defender direitos, iniciar conversação, lidar com críticas e gozações, identificar e expressar sentimentos etc. O facilitador deve escolher os problemas que mais se ajustam às necessidades de seu grupo. No entanto, nessa situação, deve evitar trabalhar com problemas das pessoas do próprio grupo, salvo se o grupo estiver bastante amadurecido e os problemas forem conhecidos por todos.

11. Solução de problemas interpessoais   215

● Para as crianças que apresentam alguma dificuldade de compreensão, pode-se escolher problemas mais simples, de acordo com o que ocorre no cotidiano.

Variações

● Após a finalização dos passos pelos grupos, os problemas interpessoais podem ser representados por meio de desempenho de papéis (*role-playing*), pois nem sempre as soluções pensadas e os comportamentos sugeridos são implementados de maneira correta. Trata-se de uma oportunidade para o facilitador observar e corrigir as possíveis dificuldades das crianças no desempenho dessas alternativas, por exemplo, falha no contato visual, entonação verbal inapropriada, dificuldade de fluência etc. Os papéis devem ser atribuídos de acordo com as necessidades dos participantes em desenvolver esses aspectos.

● O processo de solução de problemas em grupo também requer um conjunto de habilidades que incluem: argumentar, expressar opinião, discordar, fazer e responder perguntas, controlar a impulsividade etc. Se necessário, o grupo pode ser previamente preparado nesse processo por meio do uso de jogos, enigmas e adivinhações, que as crianças e jovens gostam muito. Os enigmas e adivinhações são bastante disponíveis na literatura. Os exemplos 1, 2 e 3 foram retirados do Conto IX de Zadig, *Os enigmas*, do escritor francês Voltaire, na Coletânea *Os imortais da literatura universal* (Editora Abril, 1970); o último faz parte de cultura popular.

216   Parte III – Habilidades sociais relevantes: análise e intervenção

ENIGMA 1 – A PERGUNTA DIFÍCIL

Qual é, de todas as coisas do mundo, a mais longa e a mais curta, a mais rápida e a mais lenta, a mais divisível e a mais extensa, a mais negligenciada e a irreparavelmente lamentada, que devora tudo o que é pequeno e vivifica tudo o que é grande?

Resposta: *O tempo: nada é mais longo, pois é a medida da eternidade; nada é mais curto, pois que falta a todos os nossos projetos; nada mais lento para quem espera; nada mais rápido para quem desfruta a vida; estende-se em grandeza, até o infinito; divide-se, até o infinito em pequenez; todos os homens o negligenciam, todos lhe lamentam a perda; nada se faz sem ele; faz esquecer tudo o que é indigno da posteridade e imortaliza as grandes coisas.*

ENIGMA 2 – FILOSOFANDO

Qual é a coisa que se recebe sem agradecer, que se desfruta sem saber como, que damos aos outros quando não sabemos onde é que estamos e que perdemos sem perceber?

Resposta: A vida.

ENIGMA 3 – O POEMA AO IMPERADOR

Um poema foi feito em homenagem a um grande imperador na antiga China medieval. Antes de chegar ao homenageado, seu secretário, homem invejoso e sem escrúpulo, quebrou ao meio a tábua onde o poema foi escrito, e entregou ao imperador apenas uma parte. O imperador, ao ler o que estava escrito ficou furioso.

O facilitador conta essa história ao grupo e mostra o poema, alterado, recebido pelo Imperador. Entrega, então, a cada grupo seis versos, embaralhados, para serem organizados no poema original em duas estrofes de três versos cada.

11. Solução de problemas interpessoais   217

Versos entregues a cada grupo:

E libertos nos vimos
Pelo crime brutal
Venceu o soberano
Era assolada a terra.
Somente o amor faz guerra
Na paz universal.

Resposta: Poema original à abaixo.

Poema original nos dois pedaços (o imperador recebeu somente o da esquerda)

Pelo crime brutal	era assolada a terra.
Venceu o soberano	e libertos nos vimos,
Na paz universal	somente o amor faz guerra

ENIGMA 4. A EMBALAGEM MISTERIOSA

Era uma embalagem bonita. Totalmente fechada. Dentro dela não tinha biscoitos, nem doces, nem refrigerantes. Nada dessas coisas. Também não trazia nenhuma indicação por onde abri-la. Não havia sido feita de madeira, nem cimento, nem lata, nem alumínio, nem plástico, nem papel. Também não era fabricada pelo homem. Que embalagem é essa? Atenção, vocês podem encontrar mais de uma resposta correta.

Resposta: Ovo, tamarindo ou qualquer outra fruta semelhante.

12

Fazer amizades

O desejo de se tornar um amigo é rápido, mas a amizade é um fruto que amadurece vagarosamente (Aristóteles).

A amizade é atualmente bastante valorizada, enquanto que a falta de amigos parece ser um problema para parte das pessoas: o número de pessoas que não têm sequer um único amigo corresponde a cerca de 15% da população[60]. Boa parte das pessoas sem amigos se queixa de solidão, enquanto que as pessoas com amigos não se dizem solitárias. Além disso, as pesquisas mostram que pessoas sem amigos estão mais sujeitas a episódios de estresse e depressão, à baixa autoestima e a problemas orgânicos de base psicológica[61].

Desde os quatro ou cinco anos de idade, observam-se contatos de amizade entre as crianças[62]. Estima-se que, de quatro crianças nessa faixa etária, três se envolvem em relacionamentos mais próximos e três de dez possuem mais de um amiguinho. Crianças e adolescentes passam

---

60. Estimativa relativa a jovens americanos (Hartup, 1992), no Brasil não se dispõe de dados sobre esse assunto.

61. Conforme revisão de estudos feita por Hartup (1992). Ver, ainda: Buhrmester (1990).

62. Hinde, Titmus, Easton & Tamplin (1985).

Parte III – Habilidades sociais relevantes: análise e intervenção **219**

mais tempo conversando com amigos do que com familiares e tendem a relatar que possuem vários amigos (entre cinco e seis) sendo um deles considerado como "mais amigo" do que os demais[63].

> A amizade é considerada como um relevante campo da expressividade de emoções. A maioria das pessoas não esquece amizades feitas na infância e adolescência, especialmente devido à sua importância para o desenvolvimento social e emocional.

Muitos jovens se esforçam para recuperar contato com antigos companheiros e se surpreendem por encontrá-los tão diferentes. Muitas amizades desaparecem, ou são evocadas em encontros ocasionais, com promessas não cumpridas de contatos futuros mais frequentes. Entretanto, algumas antigas amizades permanecem por toda a existência, com episódios de relacionamento razoavelmente constantes que trazem apoio e segurança para as pessoas.

Fazer e manter amigos depende de muitos fatores, mas, essencialmente, da competência em algumas habilidades sociais específicas[64]. Inversamente, a dificuldade com amizades pode ser ocasionada por déficits de habilidades sociais como assertividade, cooperação e empatia, baixa frequência de sorrisos e contato visual, dificuldade em fazer perguntas de interesse do interlocutor, bem como excesso de comportamentos dificultadores de contato social como agressividade, hiperatividade, negativismo, isolamento, crítica e hostilização ao outro.

---

63. Goodnow & Burns (1988).
64. Hartup (1992).

1. As funções da amizade

Os estudiosos da interação entre crianças e entre adolescentes identificam várias funções para os relacionamentos de amizade. A relação com amigos é importante no desenvolvimento da criança porque:

- Cria um contexto de cooperação, reciprocidade e manejo de conflitos, no qual as habilidades sociais básicas são adquiridas e elaboradas;

- Constitui uma fonte de aprendizagem e de informação sobre si (autoconhecimento) e sobre o mundo, o que ocorre por meio de vários processos como tutoria, aprendizagem cooperativa, colaboração e instrução;

- Constitui um recurso emocional e cognitivo para o enfrentamento de situações estressantes e a resolução de problemas além de fonte de prazer e de redução de tensão;

- Fornece modelo para a aprendizagem e o exercício de padrões de relacionamento que vão ser requeridos posteriormente na vida.

2. Identificando amizades

Ainda que a criança tenha muitos amigos, o que é bastante desejável, isso não dispensa pais e professores de avaliar tais relacionamentos. A amizade da criança com pessoas mais velhas, não conhecidas, deve ser motivo de preocupação e vigilância, mas também a amizade com colegas da mesma idade precisa ser monitorada, pelo menos em seu início. Como já afirmamos em outro momento, é preciso saber com quem a criança mantém amizade e o que faz. É preciso avaliar também a extensão de uma amizade e o que a criança está aprendendo com seus amigos.

A amizade entre crianças pode ser identificada por várias formas, tais como: (a) interrogando-se as pessoas que têm contato frequente com a criança, a respeito de quais são seus companheiros; (b) solicitando-se a alguém

Parte III – Habilidades sociais relevantes: análise e intervenção 221

que conhece bem a criança (por exemplo, professores) uma avaliação sobre a intensidade do relacionamento dela com outras de seu convívio; (c) avaliando-se, em um dia típico de possibilidades de contato, o tempo em que duas crianças permanecem juntas e o número de vezes em que se procuram; (d) observando-se diretamente e avaliando-se, na interação social da criança com outras, a quantidade de suas ações recíprocas e coordenadas.

3. Condições gerais para fazer amizades

Os relacionamentos na infância ocorrem sob algumas condições que formam "o pano de fundo" para a habilidade de fazer amizades. Na infância e adolescência, podem ser relacionadas pelo menos três condições facilitadoras:

- *Contato social.* Uma criança pode ser adorável e possuir em seu repertório todos os comportamentos precorrentes da habilidade de fazer amizade, mas, se ela não tiver oportunidade de exercitá-los, permanecerá restrita aos relacionamentos familiares. Pais e professores precisam facilitar os contatos sociais entre as crianças, criando oportunidades de encontros monitorados ou livres em que elas se observem, se explorem e aprendam, umas com as outras, certos padrões (jargões, trejeitos, expressões, signos) aceitos na subcultura do grupo. Contatos sociais frequentes com os mesmos colegas possibilitam às crianças se ajustarem às preferências umas das outras e desenvolverem habilidades de iniciar e finalizar interações. Constituem, também, ocasiões privilegiadas para se observar o domínio e a dificuldade das crianças nessa área.

- *Atração física.* O peso desse fator é ora maximizado, ora considerado de menor importância pelos diferentes estudos. Evidentemente que a maioria das crianças com pouca idade ainda não possui os estereótipos negativos dos adultos a respeito da aparência física, porém, já na pré-escola, observa-se um afastamento em relação às que não tomam banho ou se apresentam sujas e malcuidadas (cabelos, unhas, roupas), com maior proximidade daquelas que apresentam melhor aparência. O atendimento às regras básicas de higiene e autocuidado, além de saudável, aumenta a atratividade da criança. À medida que se aproximam da adolescência, as crianças ficam mais preocupadas com a aparência e passam a atribuir-lhe um peso maior, verificando-se a tendência de copiar padrões de autoapresentação, especialmente da mídia. O uso de uniforme, por algumas escolas, tem o aspecto positivo de evitar que algumas crianças sejam preferidas por suas roupas e adereços; todavia, deve também ser lembrado seu possível efeito de dificultar a expressão, por meio do vestuário, de características individuais de uma determinada cultura.

- *Semelhança de preferências*. A atração é geralmente maior entre pessoas que concordam em pontos relevantes, do que entre aquelas que concordam apenas em coisas triviais. De maneira geral isso também ocorre com as crianças. Dois colegas que gostam de futebol e torcem pelo mesmo time podem estabelecer contatos mais frequentes, embora um goste de cebola e o outro não. Todavia, a concordância sobre certas preferências é relativa, tanto entre crianças como entre adultos. Por exemplo, torcer por times rivais pode ser considerado questão secundária, desde que os amigos gostem de futebol e possam ir juntos ao estádio ou assistir disputas pela televisão. Eles podem até achar graça dessas diferenças. A semelhança de preferências facilita a escolha de assuntos para conversas e atividades, ampliando, também, as oportunidades de cooperação. Além disso, contribui para validar a visão de mundo que a criança vai desenvolvendo.

Sobre as duas primeiras condições, pais e professores têm acesso direto e podem intervir de maneira eficaz. No caso da primeira, é importante envolver, de maneira sutil, as crianças que permanecem muito tempo isoladas e

Parte III – Habilidades sociais relevantes: análise e intervenção **223**

apresentam dificuldade de relacionamento, colocando-as em situações sociais. Evidentemente, essas situações devem ser adequadas aos recursos de repertório de cada criança. Com relação à segunda condição, também é possível cuidar diretamente (pais) ou recomendar cuidados (professores) na higiene e autoapresentação, para evitar ou reduzir as características que possam levar a criança a ser discriminada negativamente pelos colegas.

A terceira condição é mais complexa, especialmente quando não percebida no início da inserção da criança em novos grupos. Após a passagem do tempo, os grupos e subgrupos formados podem se fechar para algumas crianças, principalmente para aquelas que não compartilham totalmente da subcultura dos demais. Os casos extremos, por exemplo, de crianças que exibem elementos culturais bastante diferenciados (roupas, preferências alimentares, pouco domínio da língua etc.), são mais prontamente discriminadas, exigindo, então, melhor preparo do grupo para a aceitação e troca cultural.

4. Habilidades importantes para fazer e manter amizades

Não é muito difícil categorizar as principais habilidades sociais presentes no fazer amizades. Essa classe de habilidades é composta de vários componentes, inclusive de alguns que fazem parte das habilidades de civilidade e de empatia. Tanto na abordagem inicial e manutenção da conversação como nas fases posteriores, as habilidades de fazer amizade incluem:

- Fazer perguntas pessoais;
- Responder perguntas, oferecendo informação livre (autorrevelação);
- Aproveitar as informações livres oferecidas pelo interlocutor;
- Sugerir atividade;
- Cumprimentar, apresentar-se;

- Elogiar, aceitar elogios;
- Oferecer ajuda, cooperar;
- Iniciar e manter conversação ("enturmar-se");
- Identificar e usar jargões apropriados.

O início dos episódios de interação para fazer amizades se caracteriza por um tateio de contatos visuais seguido de proximidade física. Se a criança avalia favoravelmente esse tateio, ela o aceita e dá prosseguimento à interação. Como pretexto para iniciar o contato, comumente as crianças utilizam-se de objetos ou brinquedos[65].

No início da interação, uma das subclasses de habilidades mais utilizadas é a de perguntar. As perguntas podem adquirir diferentes funções, como as de: convite (*Você quer brincar?*), pedido (*Dá para emprestar o lápis?*), oferecimento (*Quer um pedaço?*), verificação de compreensão (*Entendeu como é?*), sondagem (*Você gosta disso?*). Responder às perguntas pode indicar desejo de continuidade na interação. Uma outra habilidade importante, nessa fase, é a de cumprimentar de acordo com o jargão dominante (*Oi!; Olá!; E aí?*), acompanhada da gestualidade típica do grupo ou da faixa etária.

A renovação de episódios de interação depende, nas primeiras tentativas, das habilidades de criar e discriminar ocasião para a autorrevelação. Para criar ocasião, as crianças fazem perguntas sobre aspectos pessoais (*Para qual time você torce?*); na autorrevelação, elas incluem, em suas respostas, informações livres que extrapolam as perguntas feitas (*Onde você mora? Eu moro na rua X, no quintal tem uma árvore com balanço que eu adoro!*). Essas informações podem se desdobrar em trocas de objetos (brinquedos, revistas e jogos), partilhamento de atividades conjuntas e expressão crescente de afetividade. Esse é um processo cauteloso, seguido da sondagem de interesses, experimentação e validação de sentimentos e preferências.

---

65. Del Prette, Branco, Almeida, Gil & Ades (1987).

Parte III – Habilidades sociais relevantes: análise e intervenção   **225**

Essas habilidades não são exclusivas da classe geral de fazer amizade, porém elas se distinguem por possuírem algumas nuanças, em especial nos componentes não verbais. Por exemplo, iniciar e manter conversação são habilidades que, ao serem exercitadas em relação a um colega com quem a criança pretende fazer amizade, se apresentam bastante diferenciadas daquelas habituais. O padrão de comportamentos apresentado pela criança ao colega de sua escolha para fazer amizade geralmente inclui: (a) o jeito de se aproximar; (b) o conteúdo e a forma das perguntas; (c) os cuidados nos jogos ou brincadeiras de tocar e lutar; (d) as alterações no uso de certos componentes paralinguísticos, como a modulação da voz durante a conversação, a diminuição ou aumento da latência da resposta e a procura ou evitação de contato visual. Em resposta, o colega pode apresentar reações indicativas de aceitação ou sinais indicativos de rejeição da tentativa de amizade, como a esquiva e a expressão de desagrado.

5. Vivências

O contexto de Treinamento de Habilidades Sociais em grupo é, por si mesmo, bastante favorável à aquisição e à prática, positivamente reforçada, das habilidades de fazer amizades, além de permitir ao facilitador verificar a generalização e a eficácia das outras recém-adquiridas pelas crianças. Adicionalmente, o uso da metodologia vivencial facilita essas aquisições na medida em que promove a coesão grupal, o conhecimento mútuo e o exercício de novas habilidades importantes para o fortalecimento da amizade.

São apresentadas, a seguir, algumas vivências para promover as habilidades de fazer amizade. O facilitador pode, também, criar outras vivências ou recorrer a fontes já publicadas[66], por exemplo, *Quebra-gelo, Dar e receber, O pêndulo, Olhos nos olhos.*

---

66. Del Prette & Del Prette (2001).

PERGUNTANDO E DESCOBRINDO

Objetivos

Específicos
- Fazer amizade
- Conhecer os colegas
- Falar de si mesmo
- Identificar características positivas do colega
- Chamar pelo nome

Complementares
- Fazer perguntas
- Responder perguntas
- Respeitar o colega
- Aprender a ouvir
- Prestar atenção e observar

Séries sugeridas: 3ª a 5ª séries

Material
- CAIXINHA DE NOMES: com tiras contendo os nomes dos colegas
- CAIXINHA DE PERGUNTAS: para colocar perguntas previamente preparadas em tiras de papel, como nos exemplos a seguir:

PERGUNTAS PARA A VIVÊNCIA	
O que você mais gosta aqui no grupo de vivências?	Você já recebeu algum castigo, achando que mereceu? Conte como foi.
Alguma vez você já pediu desculpas a alguém? Como foi isso?	Se você tivesse dificuldade para fazer perguntas aos outros, o que faria para superar isso?

Parte III – Habilidades sociais relevantes: análise e intervenção **227**

Quem do grupo você gostaria de conhecer melhor?	Seu pai e sua mãe trabalham? O que eles fazem?
O que você faz para ajudar sua família em casa?	Qual o time de futebol que você torce?
Com quem você se dá melhor em sua casa?	O que você faz aos sábados e domingos, quando não tem aula?
Qual a comida que você mais gosta?	Com quem você costuma conversar e brincar antes do início do grupo?
Entre as várias coisas que você faz, o que você faz muito bem?	Qual o colega deste grupo que você conversa mais? Por quê?
Que curso ou profissão você pretende seguir?	O que você gostaria de aprender no grupo?
Você gostaria de morar em outra cidade? Por quê?	Diga uma coisa que aconteceu e lhe deixou muito feliz.
Qual a parte do seu rosto que você mais gosta?	Se você fosse o prefeito da cidade, o que você faria?
Qual é seu cantor predileto?	Se você fosse um artista da televisão, quem você gostaria de ser? Por quê?
Você gosta de alguma banda ou grupo musical? Qual? Por quê?	Quantos amigos você tem? Como é o nome deles? Qual a idade deles?
O que você gosta de assistir na televisão?	Você acha que homem pode chorar? Por quê?
Quanto tempo faz que você mora nesta cidade? De onde você veio?	Você acha fácil expressar sentimentos positivos a seus pais? Como você expressa?

Procedimento

O facilitador discute com as crianças a importância de fazer e responder perguntas, ele mesmo fazendo algumas, tais como:

- *O que quer dizer o ditado: "Quem tem boca vai a Roma"?*
- *O que a gente costuma perguntar para as pessoas?*
- *Por que uma pessoa faz perguntas?*
- *Para quem a gente faz perguntas?*

O facilitador enfatiza a importância da pergunta para se obter informações, apresentando exemplos de várias perguntas que as pessoas fazem diariamente umas às outras:

- *A que horas vamos almoçar?*
- *Quanto custa essa camiseta?*
- *Onde fica a Rua das Torres?*

Depois da discussão, avisa que vão fazer uma vivência onde todos vão fazer perguntas e todos deverão responder à pergunta que lhe for feita, porém que não vale a resposta *Não sei*.

Convida, inicialmente, uma criança para que venha à frente do grupo. Pede que escolha uma outra e que ambas escolham mais uma e assim por diante, até formar um grupo de seis crianças (GV).

Instrui, então, que cada uma das seis crianças retire uma pergunta da CAIXA DE PERGUNTAS, leia-a em voz baixa e espere nova instrução. Em seguida, solicita que a primeira criança retire da CAIXA DE NOMES o nome de uma criança e faça, a ela, a sua pergunta, chamando-a pelo nome. Esta criança deve responder e ficar no lugar da que perguntou.

O facilitador passa para a segunda criança e faz o mesmo, até que todas as seis crianças do GV tenham sido substituídas. Com as novas crianças à frente, recomeça a sequência de perguntas e respostas.

São feitas tantas sequências quantas forem necessárias até que todos do grupo tenham passado pela situa-

Parte III – Habilidades sociais relevantes: análise e intervenção **229**

ção de fazer e responder pergunta. O facilitador faz, então, uma avaliação geral com o grupo, perguntando:

- *O que vocês não sabiam de algum colega e ficaram sabendo com essa vivência (pede que levantem a mão e atende um de cada vez)?*
- *Como se sentiram chamando o outro pelo nome?*
- *Como se sentiu sendo chamado pelo nome e não pelo apelido?*
- *Quem fez ou respondeu uma pergunta de colega com quem pouco tinha conversado antes?*
- *Qual a importância de fazer perguntas quando a gente quer fazer amizade com outro colega?*

Dependendo do desenvolvimento da vivência, o facilitador orienta para que as crianças exercitem a habilidade de oferecer e aproveitar informações livres na conversação (Ver seção 4 deste capítulo). Nesse caso, com base em perguntas e comentários (*Parece que vai chover?; Que dia é hoje?; Está na hora do recreio?; Qual é a sua série?*), a criança deve ser orientada para responder ao que foi perguntado, acrescentado informações pessoais, enquanto que a outra criança é orientada a identificar e a responder a tais *informações livres*, dando continuidade à conversação.

Ao final, valoriza a participação de todos, destacando os aspectos positivos que tiverem ocorrido (erguer a mão e esperar a vez, seguir instrução, participar da atividade etc.), podendo, caso achar conveniente, pedir, ao final, que todos batam palmas para todos.

Observações

- Se uma criança retira da caixinha o seu próprio nome, deve retirar outro e devolver o seu.

- Na caixa de perguntas prontas, feitas pelo facilitador, é importante garantir respostas sobre aspectos positivos dos participantes (que elevem sua autoestima ao responder) ou sobre características familiares e cotidianas das crianças, sobre as quais o próprio facilitador tem pouco acesso e que poderia ser importante conhecer.

Variações

• Quando utilizada na escola, essa vivência pode ser também adaptada para explorar aspectos acadêmicos recentemente trabalhados (as perguntas e/ou as respostas feitas pelos alunos podem servir de avaliação sobre conteúdos acadêmicos).

• Dependendo da idade e desenvolvimento das crianças, esta vivência pode ser feita sem a CAIXA DE PERGUNTAS, ou seja, cada criança deve elaborar sua pergunta ao outro. Nesse caso, a partir da segunda criança, o facilitador instrui os demais, dizendo para não repetirem as perguntas e, por isso, todos devem prestar atenção.

• Uma variação próxima da anterior é a de incentivar as crianças mais criativas para que, além de fazer a pergunta retirada da caixa, elas façam suas próprias perguntas.

GOSTANDO DOS COLEGAS

Objetivos

Específicos

Séries sugeridas: 1ª a 3ª séries

• Refletir sobre o sentimento de gostar

• Relacionar sentimentos e ações

• Exercitar a expressão de sentimentos

• Fazer amizade

Parte III – Habilidades sociais relevantes: análise e intervenção 231

Complementares
- Prestar atenção
- Seguir regras

Material
- Folhas de papel (pode ser do tamanho de meia folha de sulfite)
- Lápis, borracha
- Texto de Apoio: *O gostar ativo*

O GOSTAR ATIVO

Todos nós gostamos de várias pessoas que conhecemos. Gostamos de nossos pais, avós, tios, irmãos; gostamos também de bichos, cachorros, gatos, passarinhos. Desenvolvemos estima por objetos como uma roupa, um brinquedo, um estojo, relógio etc.

Gostar é um sentimento contínuo, mas nem sempre está visível, nem sempre aparece. Para torná-lo visível é necessário exercitá-lo, caso contrário ele pode desaparecer por completo.

Assim como existem várias formas para tornar o corpo forte e saudável, também existem várias maneiras para exercitar o sentimento de gostar.

Procedimento

Para esta vivência, o facilitador deve discorrer sobre o gostar, aproximadamente nos termos que aparecem no Texto de Apoio. Ao final, faz uma pausa e pergunta: *Vocês sabem alguma maneira para tornar visível o gostar?*

O facilitador espera as respostas, confirma as aceitáveis, corrige as equivocadas, ignora as respostas propositalmente sem sentido ou com intenção de tumultuar. Adianta que vai aproveitar algumas coisas que foram ditas e acrescenta que há, pelo menos, cinco maneiras de exercitar o sentimento de gostar. Escreve no quadro as cinco maneiras, dando exemplos de cada uma:

- Fazer alguma coisa por alguém que gostamos (*Pai, tome um pouco desta água fresca; Senta aqui, mãe, que eu lavo a louça hoje*);
- Dizer para uma pessoa que gostamos dela (*Pedro, você é um cara legal e eu gosto de ser seu amigo; Vó, gosto muito da senhora*);
- Compartilhar do sucesso ou alegria de alguém (*Puxa, Regina, que bom que você se saiu bem na prova!; Mário, fiquei feliz de você ter conseguido o emprego!*);
- Incentivar a pessoa que gostamos (*Vamos lá, Paulo, se você estudar vai conseguir tirar boa nota; Tércia, aquele seu vestido azul é bem bonito, você poderia usá-lo outras vezes*);
- Dar opinião sincera e honesta para a pessoa (*Penso que não é legal você começar a fumar; Em minha opinião, você não deveria ter feito isto*).

Pergunta, às crianças, qual das cinco maneiras é a mais fácil para elas. Em seguida, pergunta qual é a mais difícil. Diz que cada um deve se esforçar para tornar visível o seu gostar.

Entrega a cada uma das crianças a folha de papel, pedindo que façam um desenho e coloquem o nome de um amigo da sala, escolhido de uma caixa de sorteio com todos os nomes. Em seguida, orienta que cada um entregue seu desenho ao colega, que deve recebê-lo e agradecer verbalmente. Os desenhos deverão ficar afixados em exposição, em lugar apropriado. Caso alguma criança fique sem receber desenho, o facilitador pode escolher alguém para lhe fazer um desenho.

Observações

- O facilitador pode colocar os desenhos em um painel, com o título: *Lembrança para meu amigo.*

Variações

• Na escola, é interessante que o facilitador combine essa vivência com a aprendizagem de conteúdos acadêmicos, uma redação sobre a amizade ou a listagem dos conhecidos e amigos de cada um ou, ainda, uma classificação dos nomes dos colegas, de acordo com características fonéticas ou ortográficas.

• Uma alternativa muito utilizada tem sido a de dar sequência a essa vivência com a atividade de "amigo secreto".

MINHA MENSAGEM PARA VOCÊ

Objetivos

Específicos

Séries sugeridas: 3ª a 8ª séries

• Identificar o nome de colegas
• Fazer e enviar mensagem a colegas
• Expressar sentimentos positivos
• Trabalhar em grupo
• Agradecer
• Seguir regras e instruções

Complementares

• Ouvir o colega
• Falar em público
• Prestar atenção/observar

Material

• Lápis
• Dois conjuntos de cartões, de aproximadamente 12cm por 8cm, com os nomes das crianças, sendo um dos conjuntos azul e o outro branco

- Fita colante
- Dois barbantes, de aproximadamente cinco metros cada
- Pregadores de roupa, em número equivalente aos participantes

Procedimento

O facilitador organiza as crianças nomeadas nos cartões azuis de um lado da sala e as nomeadas nos cartões brancos do outro lado. Entrega a cada criança um cartão de modo que nenhuma receba o seu próprio nome nem o nome de alguém do próprio grupo. Pede que cada uma escreva no cartão uma mensagem para o colega nele indicado, assinando o próprio nome. Enfatiza que a mensagem deve ser positiva (de otimismo, incentivo e expressão de sentimentos positivos).

Em seguida entrega, a cada grupo, um barbante e pregadores, orientando que afixem nele os cartões e que colem esse "varal" na parede de seu lado, usando a fita colante para isso.

Pede que cada grupo se organize em duplas e que cada dupla, uma por vez, se dirija ao "varal" de cartões do lado oposto, procure o cartão com seu nome, retire-o e leia-o em voz alta, agradecendo ao colega que enviou a mensagem e voltando ao seu lugar.

Ao final, discute com as crianças a importância de expressar sentimentos positivos aos colegas ou do trabalho em dupla e em grupo.

Observações

- Os cartões podem ser substituídos por folhas de papel sinalizadas com cores diferentes.

Variações

- Na aplicação dessa vivência com crianças pré-escolares, a mensagem pode ser substituída por um desenho.

Parte III – Habilidades sociais relevantes: análise e intervenção **235**

- Para crianças com dificuldade de escrita, o facilitador pode sugerir frases, escrevendo-as no quadro.

- Na vivência com grupos mais velhos (5ª a 8ª séries), o facilitador pode incluir desafios como tipos de frases ou palavras permitidas ou proibidas (exemplo: proibido usar a palavra "felicidade") ou, ainda, pedir que escrevam em código e coloquem o significado do código no verso do cartão (exemplo de código – substituir os números por vogais no texto, 1 = a; 2 = e; 3 = i, etc.).

- O facilitador pode entregar, a cada equipe, palavras recortadas, que deverão aparecer nas suas mensagens. Exemplos de palavras recortadas: AMIZADE, ALEGRIA, SORRISO, COISAS AGRADÁVEIS, COLEGA LEGAL, SAÚDE, FELICIDADE, FLORES, SAUDADE, MUITA SATISFAÇÃO, FELIZ ANIVERSÁRIO, PRAIA, BELEZA, MÚSICA etc.

- Outra alternativa é entregar, a cada equipe, um livro para manusearem e utilizarem, tanto copiando alguma coisa, como se inspirando no texto. Exemplo: *Coleção Marly França e Eliardo França* (Editora Ática), Brian Moses e Mike Gordon: *Com licença: Aprendendo sobre convivência* (Editora Scipione); Regina Otero e Regina Rennó: *Ninguém é igual a ninguém: O lúdico no conhecimento do ser* (Editora do Brasil).

13

Habilidades sociais acadêmicas

Talvez nada seja mais importante, em nossa compreensão do comportamento dos organismos, que o processo de aprendizagem, como ele ocorre e o que o motiva (David A. Dushkin).

O interesse dos pesquisadores no desempenho social das crianças com dificuldades de aprendizagem é relativamente recente, com os primeiros estudos ocorrendo por volta da década de 1980, motivados pelos trabalhos do Instituto para Dificuldade de Aprendizagem de Chicago (Estados Unidos)[67]. As pesquisas que se seguiram confirmaram a importância de se investigar as relações existentes entre as dificuldades na aprendizagem acadêmica e o desempenho social, levando à concepção de um conjunto de habilidades sociais ditas "acadêmicas"[68].

> A noção de habilidades sociais acadêmicas se apoia em uma grande quantidade de pesquisas indicando relações positivas entre competência

---

67. Romero (1995).

68. Essas habilidades são também denominadas como "relacionadas ao trabalho" (*work-related skills*) e como "relacionadas à aprendizagem" (*learning-related skills*) e até de "sobrevivência em sala de aula". Ver, entre outros: Agostin e Bain (1997); Fad (1989); Foulks e Morrow (1989); McGinnis, Goldstein, Sprafkin e Gershaw (1984); Malecki e Elliott (2002); Ogilvy (1994).

13. Habilidades sociais acadêmicas

> social e rendimento escolar e se justifica, também, pela constatação das demandas sociais envolvidas no processo de ensino-aprendizagem.

1. Relações entre habilidades sociais e rendimento escolar

Uma considerável quantidade de estudos vem evidenciando a relação entre déficits de habilidades sociais e baixo rendimento escolar ou dificuldades de aprendizagem, embora, devido a alguns resultados contraditórios e ao tipo de delineamento (correlacional) de grande parte das pesquisas, a natureza dessa relação ainda não esteja estabelecida[69]. De todo modo, os resultados que vêm se acumulando nessa área são sugestivos da importância das habilidades sociais no quadro geral da multiplicidade de fatores que influem sobre o rendimento escolar[70].

Essa importância é reconhecida por algumas associações americanas[71], que situam os déficits de habilidades sociais como uma das áreas que deveriam ser investigadas no diagnóstico dos distúrbios de aprendizagem e promovidas nos programas de atendimento terapêutico ou educacional das crianças com esse tipo de problema. Essa posição é apoiada por evidências de que as habilidades sociais das crianças em idade pré-escolar constituem importantes preditores do desempenho acadêmico em etapas posteriores de escolarização. Como exemplo, um estudo com crianças americanas mostrou que os déficits identificados aos cinco anos de idade se associaram significativamente a problemas de aprendizagem

---

69. Defendendo a necessidade de estudos experimentais voltados para a análise da funcionalidade entre esses dois aspectos, Gresham (1992) propõe que essa relação poderia ser de: a) concomitância; b) dependência causal; c) correlacional.

70. Ver: Forness e Kavale (1991); Haager e Vaughn (1995); Swanson e Malone (1992).

71. Ver: Gresham (1992); Swanson & Malone (1992).

238 Parte III – Habilidades sociais relevantes: análise e intervenção

até quatro anos depois[72]. Em nosso meio, foram encontrados efeitos positivos da promoção da competência social sobre o desempenho social e acadêmico[73], em crianças com história de fracasso escolar.

A identificação de características interpessoais que diferenciam as crianças com bom rendimento acadêmico e as que apresentam dificuldades ou distúrbios de aprendizagem pode contribuir na definição de objetivos para os programas de promoção de habilidades sociais e, em particular, das sociais acadêmicas. Entre as principais diferenças, pode-se afirmar que as crianças com dificuldades ou distúrbios de aprendizagem:

* Apresentam uma tendência a interações mais negativas com companheiros, agressividade, imaturidade, comportamentos menos orientados para a tarefa e um repertório mais restrito de comportamentos interpessoais apropriados[74];

* Nas avaliações sociométricas[75], são menos aceitas e geralmente incluídas nas categorias das rejeitadas ou negligenciadas, mais do que na categoria das populares[76];

* Em tarefas escolares, apresentam-se mais passivas e dependentes, obtendo menor consideração em suas opiniões, enquanto que, em tarefas não escolares, revelam maior dificuldade na conversação e menor assertividade[77];

* Na avaliação dos professores, tendem a ser consideradas inquietas, briguentas, inibidas, sem iniciativa, com déficits nas habilidades de juntar-se a um

---

72. McClelland, Morrison e Holmes (2000).

73. Ver: Molina e Del Prette (2002); Molina (2003); Melo (2004).

74. Swanson e Malone (1992).

75. Ver descrição desse tipo de avaliação no capítulo 4.

76. Ver: Bryan e Sherman (1980); Stone e La Greca (1990), Vaughn, McIntosh e Spencer-Rowe (1991).

77. Romero (1995).

13. Habilidades sociais acadêmicas

grupo de atividade, desenvolver e manter amizade, encerrar conversação, compartilhar brincadeiras, interagir com colegas, expressar raiva apropriadamente, lidar com insultos e reagir a chacotas[78];

● Na avaliação dos pais, são percebidas mais negativamente do que aquelas sem dificuldades de aprendizagem em aspectos como impulsividade, autocontrole, ansiedade, dispersão, habilidades verbais e formas de lidar com situações sociais[79].

Os estudos realizados em nosso meio confirmam grande parte dessas dificuldades interpessoais em crianças com dificuldades de aprendizagem e são igualmente preocupantes[80]. Os resultados apontam para a relevância de maior investimento na competência social das crianças em fase de escolarização como uma das alternativas possíveis e viáveis para reduzir suas dificuldades de aprendizagem e, também, para minimizar os efeitos negativos desses dois tipos de problema sobre a qualidade de vida e as perspectivas de desenvolvimento dessas crianças[81].

Pensando-se nos casos extremos quanto ao desempenho social e escolar da criança, quatro situações podem ocorrer: (a) alto desempenho social e escolar; (b) baixo desempenho social e escolar; (c) alto desempenho social e baixo desempenho escolar; (d) baixo desempenho social e alto desempenho escolar.

A primeira situação deveria ser vista com interesse por educadores e psicólogos, pois indica recursos que podem ser utilizados tanto no processo de aprendizagem acadêmica como social. A situação de dificuldade de apren-

---

78. Fad (1989).

79. Romero (1995).

80. Ver: Del Prette e Del Prette (2003; 2003c); Feitosa (2003), Maluf e Bardelli (1991); Marturano, Linhares e Parreira (1993); Marturano e Loureiro (2003); Molina (2002); Paula e Del Prette (1998).

81. Ver: Del Prette e Del Prette (2003); Gomide (2003), Marturano e Loureiro (2003).

240 Parte III – Habilidades sociais relevantes: análise e intervenção

dizagem escolar e social é a mais grave e deveria ser, tanto quanto possível, objeto de intervenção simultânea sobre os dois problemas. As duas outras situações, que envolvem déficits acadêmicos ou sociais, necessitam de procedimentos específicos. Descartados os problemas médicos, crianças com dificuldade de aprendizagem e bom desempenho social poderiam ser atendidas no âmbito escolar, incluindo-se, nesse atendimento, a verificação de adaptação ao método pedagógico e ao programa escolar. Em situação oposta, as crianças que aprendem, porém apresentam dificuldades interpessoais, na maioria das vezes necessitam de atendimento psicológico, com envolvimento da família e, na falta do psicólogo escolar, devem ser encaminhadas a uma clínica de Psicologia[82].

> Os produtos desejáveis da educação escolar não se restringem à assimilação de conteúdos e competências acadêmicas, mas incluem valores e habilidades de convivência que, certamente, não são adquiridos meramente por instrução, requerendo novas metodologias e, também, uma atitude pró-ativa por parte da instituição escolar[83].

2. Por que as habilidades sociais são importantes para o rendimento escolar?

As evidências de relação empírica entre habilidades sociais e rendimento acadêmico, ou entre dificuldades interpessoais e de aprendizagem escolar, fazem supor alguma explicação lógica. Explicar essa relação remete tanto às condições interpessoais do processo de ensino-aprendizagem como a possíveis competências cognitivas que estariam simultaneamente associadas ao desempenho social-

---

82. Ver vários estudos apresentados por Marturano, Linhares e Loureiro (2004).

83. Desenvolvemos melhor essa questão em Del Prette e Del Prette (1996a; b; 1998).

13. Habilidades sociais acadêmicas 241

mente competente e ao rendimento escolar (por exemplo, a capacidade de identificar símbolos, de estabelecer relações, de memorizar, de seguir instruções etc.). Nessa segunda hipótese, as competências cognitivas poderiam ser promovidas em contextos de desenvolvimento interpessoal e em contextos de aprendizagem acadêmica, cabendo, então, questionar qual deles produz maior generalização para o outro[84].

O contexto escolar é, reconhecidamente, um ambiente estruturado com base em relações interpessoais, onde se destacam as relações da criança com o professor e com os demais colegas, que podem ser considerados agentes diretos ou indiretos do processo de ensino-aprendizagem. Para isso, seja sob qual for a perspectiva de desenvolvimento adotada, as estratégias pedagógicas efetivas são aquelas que criam demandas de interações sociais educativas do professor com o aluno e entre os alunos (mediadas pelo professor)[85].

> Interações sociais educativas são aquelas que promovem a aprendizagem e o desenvolvimento dos alunos. Elas dependem tanto da competência interpessoal do professor (para planejá-las e conduzi-las), como da competência social dos alunos para melhor usufruírem dessas interações. Nesse sentido, um repertório elaborado de habilidades sociais de professores e alunos constitui uma vantagem que pode reverter-se em sucesso escolar[86].

---

84. Trata-se de uma questão de pesquisa interessante que poderia ser investigada em futuros estudos.

85. Para uma análise mais detalhada dessa questão ver: Del Prette e Del Prette (1997); Del Prette e Del Prette (1997; 1998); Del Prette, Del Prette, Garcia, Silva e Puntel (1998).

86. Essa questão é examinada mais detalhadamente em Del Prette e Del Prette (1997).

242 Parte III – Habilidades sociais relevantes: análise e intervenção

No caso do professor, a implementação de interações sociais educativas requer um conjunto de habilidades sociais profissionais[87]; no caso dos alunos, um repertório elaborado de habilidades sociais viabiliza duas condições importantes para o sucesso escolar:

- Pode contribuir para "relações afetivas" da criança com os colegas e com o professor, criando um contexto motivador para seu envolvimento nas tarefas;

- Pode garantir o repertório "instrumental" necessário para atender às demandas interpessoais do processo de ensino-aprendizagem, como a participação efetiva nas tarefas de sala de aula, a busca e troca de informações acadêmicas e os pedidos de correção ou orientação.

O repertório "instrumental", aqui referido, corresponde a grande parte das chamadas "habilidades sociais acadêmicas", detalhadas a seguir.

3. As principais classes de habilidades sociais acadêmicas

Considerando-se as evidências empíricas de déficits de habilidades sociais em crianças com problemas de aprendizagem e os efeitos positivos da promoção desse repertório para o sucesso escolar, a análise das demandas inerentes ao processo de ensino-aprendizagem permite listar as principais habilidades sociais acadêmicas em termos de:

- Seguir regras ou instruções orais;

- Observar, prestar atenção;

- Imitar comportamentos socialmente competentes;

- Aguardar a vez para falar (autocontrole);

- Orientar-se para a tarefa, ignorando interrupções dos colegas;

---

87. Uma análise mais detalhada do conceito de "habilidades sociais profissionais" e, em particular, de habilidades sociais educativas, pode ser encontrada em Del Prette e Del Prette (1997; 1998; 2001).

13. Habilidades sociais acadêmicas 243

- Fazer e responder perguntas;
- Oferecer, solicitar e agradecer ajuda;
- Buscar aprovação por desempenho realizado;
- Reconhecer e elogiar a qualidade do desempenho do outro;
- Agradecer elogio ou aprovação;
- Cooperar;
- Atender pedidos;
- Participar de discussões em classe.

4. Vivências

As habilidades sociais acadêmicas estão amplamente contempladas nos objetivos do conjunto das vivências propostas nesta obra. Além disso, pode-se aproveitar a situação de vivências para a inserção de objetivos de aprendizagem escolar, estabelecendo-se, assim, demandas para a aplicação e generalização de habilidades sociais no contexto de sala de aula. Algumas vivências, focalizando habilidades sociais mais prontamente reconhecidas em sua articulação com o contexto acadêmico, são apresentadas a seguir. O facilitador pode, também, criar novas vivências ou recorrer a outras já publicadas[88], por exemplo, *Caminhar alterando o ritmo e movimento; História coletiva oral; Formando um grupo; Trabalhando em grupo.*

NO RITMO DA MÚSICA

Objetivos
Específicos

Séries sugeridas: 1ª a 8ª séries

- Seguir instruções
- Desenvolver comunicação intragrupo

---

88. Del Prette e Del Prette (2001).

- Trabalhar em grupo
- Exercitar a atenção

Complementares

- Observar/descrever

Material

- Aparelho de som
- Fita de áudio ou CD, com trechos de diferentes tipos de música (baião, choro, samba, valsa, rap)

Procedimento

Solicitar que as crianças caminhem naturalmente por alguns minutos. Intercalar trechos de diferentes tipos de música, solicitando que as crianças ajustem a caminhada ao ritmo de cada momento.

Interromper e solicitar que as crianças relatem o que sentiram, as dificuldades, o que observaram durante as passagens de um ritmo para o outro etc.

Formar novo GV, porém acrescentando que, na parte da música, as crianças devem realizar a tarefa em dupla, de modo que uma auxilie a outra no ajustamento ao ritmo e que se ajustem entre si. Após essa tarefa, verificar como os integrantes das duplas se comportaram em termos de ajuda dada e recebida.

Observações

- Na impossibilidade da música, pode-se utilizar outros recursos como palmas, apito ou assobio, para marcar o som.

Variações

- Pode-se utilizar movimentos em oposição ao ritmo, por exemplo, sob o ritmo lento, caminhar mais rapidamente. Isso exige maior concentração e, nesse caso, o objetivo da vivência também se amplia.

DESCOBRINDO O LUGAR

Objetivos
Específicos

Séries sugeridas: 1ª a 6ª séries

- Aceitar o contato físico
- Aguçar a percepção espacial
- Relatar sentimentos (falar de si)
- Solucionar problema

Complementares
- Seguir instrução
- Cooperar com o grupo
- Trabalhar em grupo

Material
- Lenços (de preferência escuros)

Procedimento

Várias crianças (GV) são colocadas em diferentes pontos do espaço à frente das demais, formando uma figura, como, por exemplo, um quadrado, um triângulo, um trapézio, um círculo etc. O facilitador solicita que os participantes do GV identifiquem, sem se deslocarem de seus lugares, qual é a figura formada. Os demais (GO) podem ser chamados a opinar.

Em seguida, pede silêncio total de todos (GO e GV), venda os olhos de uma criança, retirando-a da posição em que se encontra, movimentando-a por vários pontos desse espaço na tentativa de confundi-la. Pede então que ela retorne, ainda com os olhos vendados, ao local em que se encontrava, caminhando devagar. Avisa que pode usar as mãos para identificar o ponto exato em que se encontrava anteriormente. Uma possibilidade de a criança localizar o ponto que ocupou anteriormente é identificar o maior espaçamento entre dois colegas.

Parte III – Habilidades sociais relevantes: análise e intervenção

Após repetir esse procedimento com algumas crianças, inclusive com participantes do GO, discutir o que cada criança sentiu, qual foi a estratégia que utilizou para voltar à posição original, quem se recordou do ponto em que se encontrava etc.

Observações

● Durante a vivência, o facilitador deve ter cuidado com as crianças que estiverem com os olhos vendados, acompanhando-as para evitar que tropecem e caiam.

● Esta vivência pode ser feita também em local aberto, como a rua, a praça ou um pátio.

Variações

● Quando aplicada na escola, pode-se introduzir, na discussão desta vivência, temas referentes aos órgãos dos sentidos, em especial da visão.

● Uma variação possível é pedir para o GO fazer um som (ssssss) baixinho, (todos simultaneamente), quando a criança se aproximar do local, e silêncio total quando ela se afastar.

● Outra alternativa é atribuir a tarefa a duas crianças, especificando que uma deve auxiliar a outra, ou seja, que se trata de uma tarefa conjunta.

● Pode-se introduzir pistas táteis como, por exemplo, pedrinhas, grãos de milho, almofadas pequenas etc. Nesse caso, a vivência deve ser feita com os participantes descalços.

APRENDENDO A TRABALHAR EM GRUPO

Objetivos
Específicos

Séries sugeridas: 1ª a 5ª séries

● Desenvolver o respeito
● Cooperar

13. Habilidades sociais acadêmicas

- Expor/dar opinião
- Partilhar
- Resolver problemas

Complementares

- Esperar a sua vez
- Observar/prestar atenção

Material

- Fichas (papel sulfite, dobrado ao meio) contendo a instrução sobre o que a dupla deve desenhar (um desenho diferente para cada dupla). Exemplo:

> A dupla irá desenhar *uma pessoa pescando*.
> O trabalho deve ser realizado simultaneamente pelas duas pessoas da equipe.

Procedimento

As crianças são organizadas em duplas. O facilitador orienta como deve ser a formação das duplas e entrega, a cada uma, a ficha contendo a instrução sobre o desenho a ser feito e a regra de trabalho. A dupla deve realizar a tarefa no verso da ficha, com a participação de seus dois integrantes, que devem trabalhar juntos e ao mesmo tempo.

O facilitador escreve a mesma regra na lousa e a lê devagar, enfatizando que a dupla terá algum tempo (estabelecer de acordo com a possibilidade do grupo) para conversar e decidir como irá realizar a tarefa respeitando o critério da participação conjunta. Em seguida, verifica qual dupla não conseguiu se ajustar à regra e sugere que pergunte às demais como fazer. Pede, então, que todas realizem novamente a tarefa, com o máximo de silêncio possível. Durante esse período de trabalho, o facilitador percorre a sala, incentivando, enfatizando a importância de seguir a norma e orientando a atividade.

248 Parte III – Habilidades sociais relevantes: análise e intervenção

Terminada a tarefa, o facilitador discute com as crianças o significado da atividade, fazendo perguntas tais como:

- *Qual foi a maior dificuldade que encontraram para realizar a tarefa?*
- *O que sentiram antes da realização da tarefa? E durante?*
- *Qual desafio foi maior: encontrar a solução para o trabalho comum ou realizar a atividade conjuntamente?*

Acrescenta que o trabalho grupal se fundamenta, de um lado, em alguns valores, tais como respeito (exemplifica), acatamento da decisão da maioria (exemplifica), colaboração (exemplifica) e, de outro, por alguns comportamentos como esperar, ouvir a opinião do colega, dar opinião, incentivar o colega etc.

Observações

- Sugestões de desenhos a serem pedidos: árvore, prédio, casa, homem pescando, chuva com relâmpagos, escada, vaso grande com planta, roseira, menino jogando bola, mulher varrendo o chão, juiz de futebol, menina soltando pipa, boi pastando, um círculo dentro de um quadrado, ônibus etc.

Variações

- Para as crianças pré-escolares, o facilitador deve ler a instrução indicando desenhos mais familiares como: casa, árvore, bola, pessoa.

- O facilitador pode, ao final, dividir o espaço de uma lousa em várias partes e solicitar que algumas duplas reproduzam, usando giz, o mesmo desenho que fizeram no papel, trabalhando com até três duplas simultaneamente.

Referências bibliográficas

AAMR – American Association on Mental Retardation (1992). *Mental retardation: Definition, classification, and systems of support.* Washington, DC: Author.

Achenbach, T. M. & Edelbrock, C. S. (1978). The classification of child psychopathology: A review and analysis of empirical efforts. *Psychological Bulletin, 85*, 1275-1301.

Achenbach, T. M., McConaughy, S. H. & Howell, C. T. (1987). Child/adolescent behavioral and emotional problems: Implications of cross-informant correlations for situational specificity. *Psychological Bulletin, 101*, 213-232.

Agostin T. M. & Bain S. K. (1997). Predicting early school success with developmental and social skills screeners. *Psychology in the Schools, 34*, 219-228.

Aguiar, A. A. R. (2002). *Análise de habilidades comunicativas de adultos portadores de retardo mental.* Dissertação de Mestrado. Programa de Pós-Graduação em Educação Especial. Universidade Federal de São Carlos.

Aiello, A. L. R. (2002). Identificação precoce dos sinais de autismo. In H. J. Guilhardi, M. B. B. Madi, P. P. Queiroz & M. C. Scoz (Orgs.), *Sobre comportamento e cognição: Contribuições para a construção da teoria do comportamento* (pp. 13-29). Santo André (SP): ESETec.

Anastasi, A. & Urbina, S. (1999). *Psychological testing.* New Jersey: Prentice Hall.

Angélico, A. P. (2004). *Estudo descritivo do repertório de habilidades sociais de indivíduos com síndrome de Down.* Dissertação de

Mestrado. Programa de pós-graduação em Educação Especial. Universidade Federal de São Carlos.

Anzano, S. M. & Rubio, J. M. L. (1995). Entrenamiento en habilidades sociales a niños con ceguera congénita. In F. G. Rodrigues, J. M. L. Rubio & L. J. Exposito (Orgs.). *Habilidades sociales y salud*. Madrid: Ediciones Pirámide.

APA - American Psychiatric Association (1995). DSM-IV: *Manual diagnóstico e estatístico de transtornos mentais* (Dayse Batista, Trad.). Porto Alegre: Artes Médicas. (4ª edição)

Arándiga, A. V. & Tortosa, C. V. (1996). Las habilidades sociales en la escuela: Una propuesta curricular. Madrid: Editorial EOS.

Araújo, A. & Del Prette, A. (2003). Acompanhamento terapêutico e reabilitação psicossocial: Resultados de uma pesquisa-intervenção. In Z. A. Trindade & A. N. Andrade (Orgs.). *Psicologia e Saúde: Um campo em construção* (pp. 101-127). São Paulo: Casa do Psicólogo.

Asher, S. R. & Hymed, S. (1981). Children's social competence in peer relations: Sociometric and behavioral assessment. In J. D. Wine & M. D. Smye (Eds.). *Social competence* (pp. 125- 157). New York: Guilford Press.

Bacete, F. J. G. & Betoret, F. D. (2000). Motivación, aprendizaje y rendimiento escolar. *Revista Española de Motivación y Emoción, 1*, 55-65.

Banaco, R. A. & Martone, R. C. (2001). Terapia comportamental da família: Uma experiência de ensino e aprendizagem. In H. J. Guilhardi, M. B. B. P. Madi, P. P. Queiroz & M. C. Scoz (Orgs.). *Sobre comportamento e cognição: Expondo a variabilidade*. Santo André: ESETec.

Bandeira, M. (2003). Avaliando a competência social de pacientes psiquiátricos: Questões conceituais e metodológicas. In A. Del Prette & Z. A. P. Del Prette (Orgs.). *Habilidades sociais: Desenvolvimento e aprendizagem: Questões conceituais, avaliação e intervenção* (pp. 207-234). Campinas, SP: Alínea.

Bandura, A. (1986). *Social foundations of thought and action: A social cognitive theory*. New Jersey: Prentice Hall.

Baraldi, D. M. & Silvares, E. F. M. (2003). Treino de habilidades sociais em grupo com crianças agressivas, associado à orientação dos pais: Análise empírica de uma proposta de atendi-

Referências bibliográficas

mento. In A. Del Prette & Z. A. P. Del Prette (Orgs.). *Habilidades sociais, desenvolvimento e aprendizagem: Questões conceituais, avaliação e intervenção* (pp. 235-258). Campinas: Alínea.

Barr, R. D. & Parrett, W. H. (2001). *Hopefullfilled for at-risk and violent youth: K-12 Programs that work*. Boston: Allyn and Bacon.

Bedell, J. R. & Lennox, S. S. (1997). *Handbook for communication and problem-solving skills training: A cognitive behavioral approach*. New York: John Wiley & Sons.

Begun, R. W. (1994). *Ready-to-use: Social skills lessons and activities for grades Pre-K*. Englewood Cliffs: NJ: PH.

Bohart, A. C. & Greenberg, L. S. (1997). *Empathy reconsidered: New direction in psychotherapy*. Washington (D.C.): American Psychological Association.

Bolsoni-Silva, A. T. & Marturano, E. M. (2002). Práticas educativas e problemas de comportamento: Uma análise à luz das habilidades sociais. *Estudos de Psicologia, 7*, 227-235.

Bolsoni-Silva, A. T., Del Prette, A. & Oishi, J. (2003). Habilidades sociais de pais e problemas de comportamento dos filhos. *Psicologia Argumento, 9*, 11-29.

Borges, D. S. C. (2002). *O ensino de habilidades de resolução de problemas interpessoais em uma classe de ensino fundamental*. Dissertação de Mestrado. Faculdade de Filosofia, Ciências e Letras da Universidade de São Paulo.

Brady, N. C., McLean, J. E., McLean L. K. & Johnston, S. (1995). Initiation and repair of intentional communication acts by adults with severe to profound cognitive disabilities. *Journal of Speech and Hearing Research, 38*, 1334-1348.

Brazelton, T. B. (1994). *Momentos decisivos do desenvolvimento infantil*. São Paulo: Martins Fontes.

Bronfenbrenner, U. (1989). Ecological systems theory. *Annais of Children Development, 6*, 185-246.

Bryan, T. &. Sherman, R. (1980). Immediate impressions of nonverbal ingratiation attempts by learning disabled boys. *Learning Disabilities, 3*, 19-28.

Buck, R. (1991). Temperament, social skills, and communication of emotion: A developmental-interactionist view. In D. G. Gilbert & J. J. Connolly (Orgs.). *Personality, social skills and psychopathology*. New York: Plenum Press.

Buhrmester, B. (1990). Intimacy of friendship interpersonal competence and adjustment during preadolescence. *Child Development, 61*, 1101-1111.

Burlerson, B. R. (1985). The production of comforting messages: Social cognitive foundations. *Journal of Language and Social Psychology, 4*, 253-273.

Caballo, V. E. (1993). *Manual de evaluación y entrenamiento en habilidades sociales*. Madrid: Siglo Veintiuno.

Caballo, V. E. & Verdugo, M. A. (1995). *Habilidades sociales en personas con deficiencia visual. I Jornadas Científicas de Investigación sobre personas con discapacidad*. Universidad de Salamanca: Madrid.

Caldarella, P. & Merrel, K. (1997). Common dimensions of social skills of children and adolescents: A taxonomy of positive behaviors. *School Psychology Review, 26*, 264-278.

Campbell, P. & Siperstein, G. N. (1993). *Improving social competence: A resource for elementary school teachers*. Needham Heights: MA: Allyn & Bacon, Incorporated.

Campos, T. N., Del Prette, Z. A. P. & Del Prette, A. (2000). Sobrevivendo nas ruas: Habilidades sociais e valores de crianças e adolescentes. *Psicologia, Reflexão e Crítica, 3*, 515-525.

Cecconello, A. M. & Koller, S. H. (2000). Competência social e empatia: Um estudo sobre a resiliência com crianças em situação de pobreza. *Estudos de Psicologia (RN), 5*, 71-93.

Coie, J. D. & Kupersmidt, J. B. (1983). A behavioral analysis of emerging social status in boys' groups. *Child Development, 54*, 1400-1416.

Coie, J. D., Dodge, K. A. & Coppotelli, H. (1982). Dimensions and types of social status: A cross-age perspective. *Developmental Psychology, 18*, 557-570.

Conte, F. C. & Brandão, M. Z. (Orgs.), (2003). *Falo ou não falo? Expressando sentimentos e comunicando ideias*. Arapongas: Mecenas.

Conte, F. C. S. & Regra, J. A. G. (2000). A psicoterapia comportamental infantil: Novos aspectos. In E. F. M. Silvares (Org.). *Estudos de caso em Psicologia Clínica Comportamental Infantil* (pp. 79-136). Campinas: Papirus.

Referências bibliográficas

Covell, C. N. & Scalora, M. J. (2002). Empathic deficits in sexual offenders: An integration of affective, social, and cognitive constructs. *Aggression and Violent Behavior, 7,* 251–270.

Cox, R. D. & Schopler, E. (1995). Treinamento de habilidades sociais para crianças. In M. Lewis (Org.). *Tratado de psiquiatria da infância e adolescência* (I. C. S. Ortiz, S. Costa & D. Batista, Trad.), (pp. 916-923). Porto Alegre: Artes Médicas (Original publicado em 1991).

Cruz, A. P., Zangrossi Jr., H. & Graeff, F. G. (1995). Psicobiologia da ansiedade. In B. Rangé (Org.). *Psicoterapia Comportamental e Cognitiva: Pesquisa, prática, aplicações e problemas* (pp. 301-312). São Paulo: Editorial PSY.

Damásio, A. (1994/1998). *O erro de Descartes: Emoção, razão e o cérebro humano.* São Paulo: Companhia das Letras.

Dattilio, F. M. & Kendall, P. C. (2004) Transtorno do pânico. In F. M. Dattilio & A. Freeman (Orgs.). *Estratégias cognitivo-comportamentais de Intervenção em situação de crise.* Porto Alegre: ARTMED (p. 63-81).

Davidson, I. & Mackay, D. K. (1980). Using group procedures to develop social negotiation skills in blind young adults. *Journal of Visual Impairment and Blindness, 74,* 62-65.

Del Prette, A. & Del Prette, Z. A. P. (1997). Habilidades sociais e construção de conhecimento em contexto escolar. In D. R. Zamignani (Org.). *Sobre comportamento e cognição: A aplicação da Análise do Comportamento e da Terapia Cognitivo-Comportamental no hospital geral e nos transtornos psiquiátricos* (pp. 234-250). Santo André: Airbytes.

Del Prette, A. & Del Prette, Z. A. P. (1999). Teoria das Inteligências múltiplas e Treinamento de habilidades sociais. *DOXA: Estudos de Psicologia e Educação, 5,* 51-64.

Del Prette, A. & Del Prette, Z. A. P. (2001). *Psicologia das relações interpessoais: Vivências para o trabalho em grupo.* Petrópolis: Vozes.

Del Prette, A. & Del Prette, Z. A. P. (2003). *Habilidades sociais cristãs: Desafios para uma nova sociedade.* Petrópolis: Vozes.

Del Prette, A. & Del Prette, Z. A. P. (2003a). Treinamento assertivo, ontem e hoje. In C. E. Costa, J. C. Luzia & H. H. N. Sant'Anna (Orgs.). *Primeiros passos em análise do comportamento e cognição* (pp. 149-160). Santo André: ESETec.

Del Prette, A. & Del Prette, Z. A. P. (2003b). Assertividade, sistema de crenças e identidade social. *Psicologia em Revista, 9,* 125-136.

Del Prette, A. & Del Prette, Z. A. P. (2003c). Aprendizagem socioemocional na escola e prevenção da violência: Questões conceituais e metodologia de intervenção. In A. Del Prette & Z. A. P. Del Prette (Orgs.). *Habilidades sociais, desenvolvimento e aprendizagem: Questões conceituais, avaliação e intervenção* (pp. 83-127). Campinas: Alínea.

Del Prette, A. & Del Prette, Z. A. P. (2003d). *Aprendizagem socioemocional e prevenção da violência: Um programa de treinamento e orientação de professores.* Relatório de pesquisa encaminhado ao CNPq (Processo 520988/95-7-RE).

Del Prette, A., Branco, A. M. U., Almeida, N. V., Gil, M. S. A. & Ades, C. (1987). A utilização do objeto nas interações pró-sociais apresentadas por crianças de pré-escola. *Psicologia: Teoria e Pesquisa, 2,* 245-264.

Del Prette, Z. A. P. & Del Prette, A. (1996a). Habilidades sociais: Uma área em desenvolvimento. *Psicologia, Reflexão e Crítica, 9,* 233-255.

Del Prette, Z. A. P. & Del Prette, A. (1996b). Psicologia, Identidade Social e cidadania: O espaço da Educação e dos Movimentos Sociais. *Educação e Filosofia, 10,* 203-223.

Del Prette, Z. A. P. & Del Prette, A. (1997). Um programa de desenvolvimento de habilidades sociais na formação continuada de professores. In *Associação Nacional de Pesquisa em Educação (Org.). CD-ROM dos trabalhos selecionados para apresentação.* 20a. Reunião Anual da ANPED: Caxambu (MG).

Del Prette, Z. A. P. & Del Prette, A. (1998). Desenvolvimento interpessoal e educação escolar: A perspectiva das Habilidades Sociais. *Temas de Psicologia, 6,* 205-216.

Del Prette, Z. A. P. (1999). Psicologia, educação e LDB: Novos desafios para velhas questões? In R. L. Guzzo (Org.). *Psicologia Escolar e a nova conjuntura educacional brasileira* (pp. 11-34). Campinas: Átomo.

Del Prette, Z. A. P. & Del Prette, A. (1999). *Psicologia das habilidades sociais: Terapia e educação.* Petrópolis: Vozes.

Del Prette, Z. A. P. & Del Prette, A. (2002a). Transtornos psicológicos e habilidades sociais. In H. J. Guilhardi, M. B. B. Madi,

Referências bibliográficas

P. P. Queiroz & M. C. Scoz (Orgs.). *Sobre comportamento e cognição: Contribuições para a construção da teoria do comportamento* (pp. 377-386). Santo André (SP): ESETec.

Del Prette, Z. A. P. & Del Prette, A. (2002b). Avaliação de habilidades sociais de crianças com um inventário multimídia: Indicadores sociométricos associados à frequência versus dificuldade. *Psicologia em Estudo, 1,* 61-73.

Del Prette, Z. A. P. & Del Prette, A. (2003). Habilidades sociais e dificuldades de aprendizagem: Teoria e pesquisa sob um enfoque multimodal. In A. Del Prette & A. P. Del Prette (Orgs.). *Habilidades Sociais, Desenvolvimento e Aprendizagem: Questões conceituais, avaliação e intervenção* (pp. 167-206). Campinas: Alínea.

Del Prette, Z. A. P. & Del Prette, A. (2005). *Sistema Multimídia de Habilidades Sociais para Crianças (SMHSC-Del-Prette).* São Paulo: Casa do Psicólogo, no prelo.

Del Prette, Z. A. P., Del Prette, A., Garcia, F. A., Silva, A. T. B. & Puntel, L. P. (1998). Habilidades sociais do professor em sala de aula: Um estudo de caso. *Psicologia, Reflexão e Crítica, 11,* 591-603.

Del Prette, Z. A. P., Gresham, F. M. & Del Prette, A. (s.d.). Children social skills self-evaluation: Some notes about self-report measures. Texto disponível com os autores.

Del Prette, Z. A. P., Gresham, F. M. & Del Prette, A. (s.d.). Social skills and learning problems: A multimethod comparison with a Brazilian Sample. Texto disponível com os autores.

Del Prette, Z. A. P., Monjas, I. & Caballo, V. E. (s.d.). Evaluación de las habilidades sociales en niños. In V. E. Caballo (Org.). *Manual para la evaluación cognitivo-conductual de los trastornos psicológicos.* Madrid: Pirâmide, no prelo.

Dias, T. R. S., Mantelatto, S. A. C., Del Prette, A., Pedroso, C. C. A., Gonçalves, T. C., Magalhães, R. C. (1999). A surdez na dinâmica familiar: Estudo de uma população específica. *Espaço Informativo Técnico-Científico do INES, 11* (jan-jun), 29-36.

Dodge, K. (1980). Social cognition and children's aggressive behavior. *Child Development, 51,* 162-170.

Dodge, K. (1986). A social information processing model of social competence in children. In M. Perlmutter (Ed.), *Minnesota*

256 Referências bibliográficas

symposia on child psychology (pp. 75-127). Hillsdale, NJ: Lawrence Erlbaum.

Dodge, K. (1993). Social-cognitive mechanisms in the development of conduct disorder and depression. *Annual Review in Psychology, 44*, 559-584.

Dodge, K., Pettit, G. S. & Battes, J. E. (1994). Socialization mediators of the relation between socioeconomic status and child conduct problems. *Child Development, 65*, 649-665.

Dubow, E. & Tisaki, F. (1989). The relation between stressful life events and adjustment in elementary school children: Problem-solving skills. *Child Development, 60*, 1412-1423.

Ekman, P. (1985). *Cómo detectar mentiras* Barcelona: Paidós.

Ekman, P. & Friesen, W. W. (1971). Constants across cultures in the face and emotion. *Journal of Personality and Social Psychology, 38*, 270-277).

Elias, L. C. dos Santos & Marturano, E. M. (2004). Habilidades de solução de problemas interpessoais e a prevenção dos problemas de comportamento em escolares. In E. M. Marturano, M. B. M. Linhares & S. R. Loureiro (Orgs.). *Vulnerabilidade e proteção: Indicadores na trajetória de desenvolvimento do escolar*. São Paulo: FAPESP: Casa do Psicólogo.

Elias, M. J. & Clabby, J. (1992). *Building social-problem skills*. San Francisco: Jossey Bass.

Elias, M. J. & Tobias, S. E. (1996). *Social problem-solving: Interventions in the schools*. New York: Guilford Press.

Elias, M. J. & Weissberg, R. P. (1990). School-based social competence promotion as a primary prevention strategy: A tale of two projects. *Prevention in Human Services, 7*, 177-200.

Elliott, C., Pring, T. & Bunning, K. (2002). Social skills training for adolescents with intellectual disabilities: A cautionary note. *Journal of Applied Research in Intellectual Disabilities, 15*, 91-96.

Elliott, S. N. & Gresham, F. M. (1993). Social skills interventions for children. *Behavior Modification, 17*, 287-313.

Fad, K. S. (1989). The fast track to success: Social behavioral skills. *Intervention in School and Clinic, 3*, 39-42.

Falcone, E. M. de O. (1998). *A avaliação de um programa de empatia com universitários*. Tese de Doutoramento. Instituto de Psicologia. Universidade de São Paulo.

Referências bibliográficas

Falcone, E. M. de O. (2000). A evolução das habilidades sociais e o comportamento empático. In E. F. M. Silvares (Org.). *Estudos de Caso em Psicologia Clínica Comportamental Infantil* (pp. 79-136). Campinas: Papirus.

Falcone, E. M. de O. (2001). A função da empatia na terapia cognitivo-comportamental. In M. L. Marinho & V. E. Caballo (Orgs.). *Psicologia clínica e da saúde.* Londrina: Editora UEL.

Falcone, E. M. de O. (2003). As habilidades sociais do terapeuta cognitivo-comportamental. In Del Prette, A. & Del Prette, Z. A. P. (Orgs.). *Habilidades sociais, desenvolvimento e aprendizagem: Questões conceituais, avaliação e intervenção* (pp. 147-164). Campinas: Alínea.

Feitosa, F. B. (2003). *Relação família-escola: Como pais e professores avaliam e reagem ao repertório social de crianças com e sem dificuldades de aprendizagem.* Dissertação de Mestrado. Programa de Pós-Graduação em Educação Especial. Universidade Federal de São Carlos (SP).

Feshbach, N. D. (1978). Studies of empathic behavior in children. In B. Maher (Ed.). *Progress in experimental personality research* (pp. 1-47). New York: Academic Press.

Feshbach, N. D. (1982). Sex differences in empathy and social behavior in children. In N. Eisenberg (Ed.). *The development of prosocial behavior.* New York: Academic Press.

Folkman, S. & Lazarus, R. S. (1985). If it changes it must be a process: Study of emotion and coping during free stages of a college examination. *Journal of Personality and Social Psychology, 50,* 571-579.

Forness, S. R. & Kavale, K. A. (1991). Social skills deficits as primary learning disabilities: A note on problems with the ICLD diagnostic criteria. *Learning Disabilities Research and Practice, 6,* 44-49.

Foulks, B. & Morrow, R. D. (1989). Academic survival skills for the young child at risk for school failure. *Journal of Educational Research, 82,* 158-165.

Fraser, M. W., Nash, J. K., Galinsky, M. J. & Darwin, K. M. (2000). *Making choices: Social problem-solving skills for children.* Washington DC: Nasw Press.

258 Referências bibliográficas

Freitas, M. G. &. Del Prette, Z. A. P. (2003). Habilidades sociais de crianças deficientes visuais: Programa de intervenção com mães. In ABPMC (Org.). Anais do *XII Encontro Brasileiro de Psicoterapia e Medicina Comportamental*, Londrina (pp. 32-33), Londrina (PR).

Freitas, M. G., Martins, F., Magnani, J. L., Donadoni, J., Rodrigues, S. P. A. & Perez, L. R. J. (1999). Desenvolvimento de habilidades sociais em adolescentes portadores de deficiência visual. In *Anais do II Congresso Brasileiro Multidisciplinar de Educação Especial* (p. 361-361). Londrina: Ed. UEL.

Frey, K. S., Hirschstein, M. K. and Guzzo, B. A. (2000). Second step: Preventing aggression by promoting social competence. *Journal of Emotional and Behavioral Disorder, 8*, 102-112.

Fuchs, D. & Fuchs, L. S. (1994). Inclusive schools movement and the radicalisation of special education reform. *Exceptional Children, 60*, 294-309.

Fujiki, M. & Brinton, B. (1993). Growing old with retardation: The language of survivors. *Topics in Language Disorders, 13*, 77-89.

Gambrill, E. (1995). Social skills training. In W. O'Donohue & L. Krasner (Eds.). *Handbook of psychological skills training: Clinical techniques and applications* (pp. 81-118). New York: Allyn and Bacon.

Garcia, F. A. (2001). Investigando diferentes indicadores de empatia em meninos e sua relação com a empatia e ações educativas dos pais. Dissertação de Mestrado. Programa de Pós-Graduação em Psicologia. FFCLRP - Universidade de São Paulo.

Garcia-Serpa, F. A., Meyer, S. & Del Prette, Z. A. P. (2003). Origem social do relato de sentimentos: Evidência empírica indireta. *Revista Brasileira de Terapia Comportamental Cognitiva, 5*, 21-29.

Gardner, H. (1995). *Inteligências múltiplas: A teoria na prática*. Porto Alegre: Artes Médicas.

Geer, J. H., Estupinan, L. A. & Manguno-Mire, G. M. (2000). Empathy, social skills, and other relevant cognitive processes in rapists and child molesters. *Aggression and Violent Behavior, 5*, 99-126.

Referências bibliográficas 259

Goldstein, A. P. & Michaels, G. Y. (1995). *Empathy: Development, training and consequences*. New Jersey: Lawrence Erlbaum Associates.

Goldstein, S. & Goldstein, M. (1992). *Hiperatividade: Como desenvolver a capacidade de atenção da criança*. São Paulo: Papirus.

Gomes da Silva, V. M. G. (2000). *Indicadores de rejeição em grupo de crianças*. Dissertação de Mestrado. Programa de Pós-Graduação em Psicologia da Infância e Adolescência. Universidade Federal do Paraná.

Gomide, P. I. C. (2003). Estilos parentais e comportamento antissocial. In Del Prette, A. & Del Prette, Z. A. P. (Orgs.). *Habilidades sociais, desenvolvimento e aprendizagem: Questões conceituais, avaliação e intervenção* (pp. 21-60). Campinas: Alínea.

Goodnow, J. J. & Burns, A. (1988). *Home and school: Child's eye view*. Sidney: Allen & Unwin.

Gorayeb, R., Cunha Neto, J. R. & Bugliani, M. A. P. (2003). Promoção de saúde na adolescência: Experiência com programas de ensino de habilidades de vida. In Z. A. Trindade & A. N. Andrade (Orgs.). *Psicologia e Saúde: Um campo em construção* (pp. 89-100). São Paulo: Casa do Psicólogo.

Gresham, F. M. (1991). Conceptualizing behavior disorders in terms of resistance to intervention. *School Psychology Review, 20*, 23-36.

Gresham, F. M. & Elliott, S. N. (1987). Social skills deficits of students: Issues of definition, classification and assessment. *Journal of Reading, Writing and Learning Disabilities International, 3*, 131-148.

Gresham, F. M. (1992). Social skills and learning disabilities: Causal, concomitant or correlacional? *School Psychological Review, 21*, 348-60.

Gresham, F. M. (1995). Best practices in social skills training. In A. Thomas & J. Grimes (Eds.). *Best practices in school psychology* (pp. 1029-1040). Washington, DC: National Association of School Psychologists.

Gresham, F. M. (1997). Treatment integrity in single subject research. In R. Franklin, D. Allison, & B. Gorman (Eds.). *Design and analysis of single case research* (pp. 93-117). Hillsdale, NJ: Lawrence Erlbaum, Inc.

260 Referências bibliográficas

Gresham, F. M. (2000). Assessment of social skills in students with emotional and behavioral disorders. *Assessment for effective intervention, 26,* 51-58.

Gresham, F. M. (2002). Social skills assessment and instruction for students with emotional and behavioral disorders. In K. L. Lane, F. M. Gresham & T. E. O'Shaughnessy (Orgs.). *Children with or at risk for emotional and behavioral disorders* (pp. 177-194). Boston: Allyn & Bacon.

Gresham, F. M. & Elliott, S. N. (1990). *Social Skills Rating System.* Circle Pines, MN: American Guidance Service.

Gresham, F. M., Lane, K. M. & Lambros, K. M. (2002). Children with conduct and hyperactivity-impulsivity-attention problems. In K. L. Lane, F. M. Gresham & T. E. O'Shaughnessy (Orgs.). *Children with or at risk for emotional and behavioral disorders* (pp. 210-222). Boston: Allyn & Bacon.

Grossman, H. J. (Ed.), (1983). *Classification in mental retardation.* Washington, DC: American Association on Mental Deficiency.

Guevemont, D. (1990). Social skills and peer relationships training. In R. Barkley (Org.), *Attention-deficit hyperactivity disorder: A handbook for diagnosis and treatment* (pp. 540-572). New York: Guilford.

Haager, D. & Vaughn, S. (1995). Parent, teacher, peer and self-report of the social competence of students with learning disabilities. *Journal of Learning Disabilities, 28,* 205-15.

Hallahan, D. P. & Kauffman, J. M. (2000). *Exceptional learners: Introduction to special education.* Needham Heights (MA): Allyn & Bacon.

Hargie, O., Saunders, C. & Dickson, D. (1994). *Social skills in interpersonal communication.* London: New York: Routledge.

Hartup, W. W. (1992). Friendships and their developmental significance. In H. McGurk (Ed.). *Childhood social development: Contemporary perspectives* (pp. 175-205). Hillsdale: Lawrence Erlbaum Associates.

Hinde, R. A., Titmus, G., Easton, D. & Tamplin, A. (1985). Incidence of "friendships" and behavior with strong associates versus non-associates in preschoolers. *Child Development, 56,* 234-245.

Referências bibliográficas 261

Hinshaw, S. P. (1992). Externalizing behavior problems and academic underachievement in childhood and adolescence: Causal, relationships and underlying mechanisms. *Psychological Bulletin, 111,* 143-150.

Hoagwood, K. (2003). Ethical issue in child and adolescent psychosocial treatment research. In A. E. Kazdin & J. R. Weisz (Orgs.). *Evidence-based psychotherapies for children and adolescent* (pp. 187-203). New York: The Guilford Press.

Hoffman, M. L. (1982). Development of prosocial motivation: Empathy and guilt. In N. Eisenberg (Ed.). *The development of prosocial behavior* (pp. 281-313). New York: Academic Press.

Hoffman, M. L. (2000). *Empathy and moral development: Implications for caring and justice.* Cambridge: New York.

Huesmann, L.R. & Eron, L.D. (1984). Cognitive processes and persistence of aggressive behavior. *Aggressive Behavior, 10,* 13-24.

Hundert, J. (1995). *Enhancing social competence in young students: School-based approaches.* Austin (TX): PRO-ED.

Hutz, C. S. & Koller, S. H. (1997). Questões sobre o desenvolvimento de crianças em situação de rua. *Estudos de Psicologia, 2,* 175-197.

Ickes, W. (1997). *Empathic accuracy.* New York: Guilford Press.

Kagan, J. (1994). *Galen's prophecy: Temperament in human nature.* New York: Basic Books.

Kamphaus, R. W. & Frick, P. J. (2002). *Clinical assessment of child and adolescent personality and behavior.* Boston (MA): Allyn & Bacon.

Kaukiainen, A., Björkqvist, K., Lagerspetz, K., Österman, K., Salmivalli, C., Rothberg, S. & Ahlbom, A. (1999). The relationships between social intelligence, empathy, and three types of aggression. *Aggressive Behavior, 25,* 81-89.

Kazdin, A. E. & Weisz, J. R. (Orgs.), (2003). *Evidence-based psychotherapies for children and adolescent.* New York: The Guilford Press .

Klaus, M. H., Kennel, J. H. & Klaus, P. H. (2000). *Vínculo: Construindo as bases para o apego seguro e para a independência.* Porto Alegre: Artes Médicas.

Kleijn, M. V. B., & Del Prette. Z. A. P. (2002). Habilidades sociais em alunos com retardo mental: Análise de necessidades e condições. *Cadernos de Educação Especial, 20*, 31-54.

Kohlenberg, R. J. & Tsai, M. (2001). *Psicoterapia analítica funcional: Criando relações terapêuticas intensas e curativas*. Santo André: ESETec.

Ladd, W. G. & Mize, J. (1983). A cognitive-social learning model of social skill training. *Psychological Review, 90*, 127-157.

Lange, J. L. & Jakubowski, P. (1976). *Responsible assertive behavior*. Illinois: Research Press Co.

Loeber, R. (1991). Antisocial behavior: More enduring than changeable? *Journal of the American Academy of Child & Adolescent Psychiatry, 30*, 393-397.

Lohr, S. S. (2003). Estimulando o desenvolvimento de habilidades sociais em idade escolar. In Del Prette, A. & Del Prette, Z. A. P. (Orgs.). *Habilidades sociais, desenvolvimento e aprendizagem: Questões conceituais, avaliação e intervenção* (pp. 293- 310). Campinas: Alínea.

Lopes, C. S. (2004). *Comparando habilidades de criança cega e vidente: Um estudo de caso com gêmeas idênticas*. Dissertação de Mestrado. Programa de pós-graduação em Educação Especial. Universidade Federal de São Carlos.

Lubi, A. P. L. (2003). Estilo parental e comportamento socialmente habilidoso da criança com pares. In M. Z. S. Brandão, F. C. S. Conte, F. S. Brandão, Y. K. Ingberman, C. B. Moura, V. M. Silva & S. M. Oliani (Orgs.). *Sobre comportamento e cognição. A história e os avanços, a seleção por conseqüências em ação* (pp. 536-541). Santo André (SP): ESETec.

Maag, J. W. (1989). Assessment in social skill training: Methodological and conceptual issues for research and practice. *Remedial and Special Education, 10*, 6-17.

MacCuspie, P. A. (1992). The social acceptance and interaction of visually impairment children in integrated settings. In S. Z. Sacks, L. S. Kekelis & R. J. Gaylord-Ross (Orgs.). *The development of social skills by blind and visually impaired students: Exploratory studies and strategies*. New York: American Foundation for the Blind.

Referências bibliográficas 263

Mackay, D. (1988). Dificuldades sociais e interpessoais. In H. W. Lettner & B. P. Rangé (Eds.). *Manual de Psicoterapia Comportamental*. São Paulo: Manole.

Madruga, J. A. G. & Lacasa, P. (1995). Processos cognitivos básicos nos anos escolares. In C. Coll, J. Palacios & A. Marchesi (Orgs.). *Desenvolvimento psicológico e Educação: Psicologia Evolutiva*. Porto Alegre: Artes Médicas.

Malecki, C. K. & Elliott, S. N. (2002). Children's social behaviors as predictors of academic achievement: A longitudinal analysis. *School Psychology Quarterly, 17*, 1-23.

Maluf, M. R. & Bardelli, C. (1991). As causas do fracasso escolar na perspectiva de professoras e alunos de uma escola de primeiro grau. *Psicologia: Teoria e Pesquisa, 7*, 255-262.

Marinho, M. L. (2000). A intervenção clínica comportamental com famílias. In E. F. Silvares (Org.). *Estudos de caso em psicologia clínica comportamental infantil* (pp. 139-174). Campinas: Papirus.

Marinho, M. L. (2003). Comportamento anti-social infantil: Questões teóricas e de pesquisa. In Del Prette, A. & Del Prette, Z. A. P. (Orgs.). *Habilidades sociais, desenvolvimento e aprendizagem: Questões conceituais, avaliação e intervenção* (pp. 61- 68). Campinas: Alínea.

Marinho, M. L. & Silvares (2000). Evaluación de la eficacia de un programa de entrenamiento de padres en grupo. *Psicología Conductual, 8*, 299-318.

Markovitz, H. & Strayer, F. F. (1982). Toward an applied social ethology: A case study of social skills among blind children. In K. B. Rubin & H. S. Ross (Eds.). *Peer relationship and social skills in childhood*. New York: Springer-Verlac.

Martini, M. L. (2003). *Relações professor-aluno e rendimento acadêmico: Uma análise das crenças, sentimentos e desempenhos de professores e alunos do Ensino Fundamental*. Tese de Doutorado. Programa de Pós-Graduação em Psicologia. FFCLRP - Universidade de São Paulo.

Marturano, E. M. & Loureiro, S. M. (2003). O desenvolvimento socioemocional e as queixas escolares. In Del Prette, A. & Del Prette, Z. A. P. (Orgs.). *Habilidades sociais, desenvolvimento e aprendizagem: Questões conceituais, avaliação e intervenção* (pp. 259-291). Campinas: Alínea.

Marturano, E. M., Linhares, M. B. M. & Parreira, V. L. C. (1993). Problemas emocionais e comportamentos associados a dificuldades na aprendizagem escolar. *Medicina Ribeirão Preto*, 26(2), 161-175.

Marturano, E. M., Linhares, M. B. M. & Loureiro, S. M. (2004). *Vulnerabilidade e proteção: Indicadores na trajetória de desenvolvimento do escolar*. São Paulo: FAPESP: Casa do Psicólogo.

Matson, J. L., Sevin, J. A. & Box, M. L. (1995). Social skills in children. In W. O'Donohue & L. Krasner (Eds.). *Handbook of psychological skills training: Clinical techniques and applications* (pp. 36-53). New York: Allyn and Bacon.

McClelland. M. M., Morrison, F. J. & Holmes, D. L. (2000). Children at risk for early academic problems: The role of learning-related social skills. *Early Childhood Research Quarterly, 15*, 307-329.

McFall, R. M. (1982). A review and reformulation of the concept of social skills. *Behavioral Assessment, 4*, 1-33.

McGinnis, E., Goldstein, A. P., Sprafkin, R. P. & Gershaw, N. J. (1984). *Skillstreaming the elementary school child: A guide for teaching prosocial skills*. Champaign: Illinois: Research Press.

McGurk, H. (1992). *Childhood social development: Contemporary perspectives*. Hillsdale: Lawrence Erlbaum Associates.

Melo, M. H. S. (2004). *Crianças com dificuldades de interação no ambiente escolar: Uma intervenção multifocal*. Dissertação de Mestrado. Programa de Pós-Graduação em Psicologia Clínica. Universidade de São Paulo.

Meredith, R. L., Saxon, S., Doleys, D. M. & Kyzer, B. (1980). Social skills training with mildly retarded young people. *Journal of Clinical Psychology, 36*, 1000-1009.

Merrel, K. W. & Gimpel, G. A. (1998). *Social skills of children and adolescents: Conceptualization, assessment, and treatment*. London: Lawrence Erlbaum.

Merrell, K. W. (1999). *Behavioral, social, and emotional assessment of children*. Mahwah, NJ: Lawrence Erlbaum.

Merrell, K. W. (2001). Assessment of children's social skills: Recent developments, best practices, and new directions. *Exceptionality, 9*, 3-18.

Referências bibliográficas

Merril, E. & Jackson, C. (1992). Degree of associative relatedness and sentence processing by adolescents with and without retardation. *American Journal on Mental Retardation, 97*, 173-185.

Meyer, S. B. (1997). Sentimentos e emoção no processo clínico. In M. Delitti (Org.), *Sobre comportamento e cognição: A prática da análise comportamental e da terapia cognitivo-comportamental*. Santo André (SP): ARBytes.

Meyer (2003). Análise funcional do Comportamento. In C. E. Costa, Luzia, J. C. & Sant'Anna, H. H. N. (Orgs.). *Primeiros passos em análise do comportamento e cognição* (pp. 75-91). Santo André: ESETec.

Michelson, L., Sugai, D. P., Wood, R. P. & Kazdin, A. E. (1983). *Social skills assessment and training with children: An empirically based handbook*. NY: London: Plenum Press.

Miller, P. A. Eisenberg, N. (1998). The relation of empathy to aggressive and externalizing/antisocial behavior. *Psychological Bulletin, 103*, 324-344.

Ministério de Saúde do Brasil (1999). *Saúde e desenvolvimento da juventude brasileira: Construindo uma agenda nacional*. Brasília, 21 p.

Ministério de Saúde do Brasil (2002). *Política Nacional de Promoção de Saúde: Documento para discussão*. Brasília, 41 p.

Molina, R. C. (2003). *Habilidades sociais e dificuldades de aprendizagem: Explorando relações funcionais*. Dissertação de Mestrado. Programa de Pós-Graduação em Educação Especial. Universidade Federal de São Carlos (SP).

Molina, R. C. & Del Prette, Z. A. P. (2002). Habilidades sociais e dificuldades de aprendizagem: Uma análise funcional. CD-ROM dos *Anais do V Encontro de Pesquisa e Educação da Região Sudeste: Tendências e Desafios* (CDD 370), Águas de Lindoia (SP).

Morais, M. L. S., Otta, E. & Scala, C. T. (2001). Status sociométrico e avaliação de características comportamentais: Um estudo de competência social em pré-escolares. *Psicologia: Reflexão e Crítica, 14*, 119-131.

Nevin, J. A. (1988). Behavioral momentum and the partial reinforcement effect. *Psychological Bulletin, 103*, 44-56.

O'Shaughnessy, T. E., Lane, K. L., Gresham, F. M. & Beebe-Frankenberger, M. E. (2002). Students with at risk for learning and emotional-behavioral difficulties: An integrated system of prevention and intervention. In K. L. Lane, F. M. Gresham & T. E. O'Shaughnessy (Orgs.). *Children with or at risk for emotional and behavioral disorders* (pp. 3-17). Boston: Allyn & Bacon.

Ogilvy, C. M. (1994). Social skills training with children and adolescents: A review of the evidence on effectiveness. *Educational Psychology, 14*, 73-83.

OMS - Organização Mundial da Saúde (1993). *Classificação de Transtornos Mentais e de Comportamento da CID-10: Descrições clínicas e diretrizes diagnósticas* (Dorgival Caetano, Trad.). Porto Alegre: Artes Médicas.

OPS - Organización Panamericana de la Salud (1998). *Plan de acción de desarrollo y salud de adolescentes y jóvenes en las Américas 1998-2001*. Washington D.C., 40 p.

Parker, J. & Asher, S. (1987). Peer relations and later personal adjustment: Are low accepted children at risk? *Psychological Bulletin, 102*, 357-389.

Patterson, G. R., Chamberlain, P. & Reid, J. B. (1982). A comparative evaluation of a parent training program. *Behavior Therapy, 13*, 638-650.

Patterson, G. R. & Yoerger, K. (2002). A development model for early-and late-onset delinquency. In J. B. Reid, G. R. Patterson & J. Snyder (Eds.). *Antisocial behavior in children and adolescents. A developmental analysis and model for intervention* (pp. 147- 192). Washington: American Psychological Association.

Paula, J. A. & Del Prette, Z. A. P. (1998). Habilidades sociais em crianças com história de fracasso escolar: Uma proposta de intervenção. In M. C., M. A. Almeida, E. E. O. Tanaka, N. N. R. Mori & E. M. Shimazaki (Orgs.). *Perspectivas interdisciplinares em Educação Especial* (pp. 165-170). Londrina: Universidade Estadual de Londrina.

Pavarino, M. G. (2004). *Agressividade e empatia: Um estudo com crianças pré-escolares*. Dissertação de Mestrado. Programa de Pós-Graduação em Educação Especial. Universidade Federal de São Carlos.

Referências bibliográficas 267

Pinheiro, M. I., Haase, V. & Del Prette, A (2002). *Pais como coterapeutas: Treinamento em habilidades sociais como recurso adicional*. Belo Horizonte: FAFICH/UFMG.

Planalp, S. (1999). *Communicating emotion: social, moral and cultural processes*. Cambridge University Press.

Pont, H. B. (1995). Maladjustment and socio-cognitive problem solving: The validity of quantitative and qualitative assessment. *British Journal of Clinical Psychology, 34*, 53-65.

Pontecorvo, C. & Zucchermaglio, C. (1990). A passage to literacy: learning in social context. In Y. Goodmann, (Ed.). *Literacy development: Psychogenesis and pedagogical implications*. Yale (NH): Heinemann Educational Books.

Queiroz, P. P. & Guilhardi, H. J. (2002). Redução da agressividade e da hiperatividade de um menino pelo manejo direto das contingências de reforçamento: Um estudo de caso conduzido de acordo com a terapia por contingências. In H. J. Guilhardi, M. B. B. Madi, P. P. Queiroz & M. C. Scoz (Orgs.). *Sobre comportamento e cognição: Contribuições para a construção da teoria do comportamento* (pp. 249-270). Santo André (SP): ESETec.

Ramey, C. T. & Ramey, S. L. (1999). *Right from birth: Building your child's foundations for life*. New York: Goddard Press.

Rangé, B. (1995a). Psicoterapia cognitiva. In B. Rangé (Org.). *Psicoterapia Comportamental e Cognitiva: Pesquisa, prática, aplicações e problemas* (pp. 89-107). Campinas: Editorial PSY.

Rangé, B. (1995b). Relação terapêutica. In B. Rangé (Org.). *Psicoterapia comportamental e cognitiva de transtornos psiquiátricos* (pp. 43-64). Campinas: Workpsy.

Rangé, B. (2001). Programa de treinamento à distância para tratamento do pânico e agorafobia. In M. L. Marinho & V. E. Caballo (Orgs.). *Psicologia Clínica e da Saúde* (pp. 153-175). Londrina: Editora UEL; Granada: APICSA.

Ríos, M. R. S., Del Prette, A. & Del Prette, Z. A. P. (2002). A importância da Teoria da Aprendizagem Social na constituição da área do Treinamento das Habilidades Sociais. In H. J. Guilhardi, M. B. B. Madi, P. P. Queiroz & M. C. Scoz (Orgs.). *Sobre comportamento e cognição: Contribuições para a construção da teoria do comportamento* (pp. 269-283). Santo André (SP): ESETec.

268 Referências bibliográficas

Robertson I., Richardson, A. M. & Yungson, S. C. (1984). Social skills training with mentally handicapped people: A review. *British Journal of Clinical Psychology*, 23, 241-264.

Romero, J. F. (1995). As relações sociais das crianças com dificuldades de aprendizagem. In C. Coll, J. Palacios & A. Marchesi (1995) (Orgs.). *Desenvolvimento psicológico e Educação: Necessidades educativas especiais e aprendizagem escolar* (pp. 71-82). Porto Alegre: Artes Médicas.

Rutter, M. (1989). Pathway from childhood to adult life. *Journal of Child Psychology and Psychiatry*, 30, 23-51.

Salovey, P. & Mayer, J. D. (1990). Emotional Intelligence. *Imagination, Cognition and Personality*, 9, 185-211.

Seidl, E. M. F., Tróccoli, B. T. & Zannon, E. M. L. da C. (2001). Análise fatorial de uma medida de estratégia de enfrentamento. *Psicologia: Teoria e Pesquisa*, 17, 225-234.

Severson, H. H. & Walker, H. M. (2002). Proactive approaches for identifying children at risk for sociobehavioral problems. In K. L. Lane, F. M. Gresham & T. E. O'Shaughnessy (Orgs.). *Children with or at risk for emotional and behavioral disorders* (pp. 33-53). Boston: Allyn & Bacon.

Shure, M. B. I. (1993). I can problem solve (ICPS): Interpersonal cognitive problem solving for young children. *Early Child Development and Care*, 96, 49-64.

Silva, C. C. C. (2001). *Um estudo sobre parceiros pouco privilegiados no grupo social*. Dissertação de Mestrado. Programa de Pós-Graduação Teoria e Pesquisa do Comportamento. Universidade Federal do Pará.

Silvares, E. F. M. (1993). O papel preventivo das clínicas-escolas de psicologia em seu atendimento a crianças. *Temas em Psicologia*, 2, 87-97.

Silvares, E. F. M. (2000). Terapia comportamental com famílias de crianças agressivas: Por que, como e quando. *Paideia: Cadernos de Psicologia e Educação*, 10, 24-23.

Skinner, B. F. (1974). *Sobre o behaviorismo*. São Paulo: Cultrix.

Spence, S. & Marzillier, J. (1981). Social skills training with adolescents male offenders II: Short-term, long-term and generalised effects. *Behaviour Research and Therapy*, 19, 349-368.

Referências bibliográficas

Spivack, G. & Shure, M. (1982). The cognition of social adjustment: Interpersonal cognitive problem solving. *Advances in clinical child Psychology, 5*, 323-372.

Sroufe, L. A. & Rutter, M. R. (1984). The domain of developmental psychopathology. *Child Development*, 55, 17-29.

Stephens, T. M. (1992). *Social skills in the classroom.* Odessa (FL): Psychology Assessment Resources.

Stokes, T. F. & Baer, D. M. (1977). An implicit technology of generalization. *Journal of Applied Behavior Analysis, 10*, 349-367.

Stone, W. L. & La Greca, A. M. (1990). The social status of children with LD: A reexamination. *Journal of Learning Disabilities, 23*, 32-37.

Strain, P., Guralnick, M., & Walter, W. (Eds.), (1986). *Children's social behavior: Development, assessment and modification*. New York: Academic Press.

Strayer, J. (1993). Children's concordant emotions and cognitions in response to observed emotions. *Child Development, 64*, 188-201.

Swanson, H. L. & Malone, S. (1992). Social skills and learning disabilities: A meta-analysis of the literature. *School Psychology Review, 21*, 427-443.

Tanner, V. L. & Holliman, W. B. (1988). Effectiveness of assertiveness training in modifying aggressive behaviors in young children, *Psychology Reports, 62*, 39-46.

Thompson, R. A. (1992). Empatía y comprensión emocional: El desarrollo temprano de la empatía. In E. N. Eisenberg & J. Strayer (Eds.). *La empatía y su desarrollo* (pp. 133-161). Bilbao: Desclée de Brouwer.

Trower, P. (1995). Adult social skills: State of the art and future directions. In W. O'Donohue & L. Krasner (Eds.). *Handbook of psychological skills training: Clinical techniques and applications* (pp. 54-80). New York: Allyn and Bacon.

Van Hasselt, V. B., Kazdin, A., Hersen, M., Simon, J. & Mastantuono, A. K. (1985). A behavioral analytic model for assessing social skills in blind adolescents. *Behavioral Research and Therapy, 23*, 395-405.

Vasconcelos, L. A. (2002). Análise comportamental no transtorno de déficit de atenção e hiperatividade: Implicações para

270 Referências bibliográficas

a avaliação e tratamento. In H. J. Guilhardi, M. B. B. Madi, P. P. Queiroz, & M. C. Scoz (Orgs.). *Sobre comportamento e cognição: Contribuições para a construção da teoria do comportamento* (pp. 144-154). Santo André: ESETec.

Vaughn, S., McIntosh, R. & Spencer-Rowe, D. (1991). Peer rejection is a stubborn thing. *Learning Disabilities Research & Practice, 6*, 83-88.

Walker, H. M. & Severson, H. H. (2002). Developmental prevention on at-risk outcomes for vulnerable antisocial children and youth. In K. L. Lane, F. M. Gresham & T. E. O'Shaughnessy (Orgs.). *Children with or at risk for emotional and behavioral disorders* (pp. 175-194). Boston: Allyn & Bacon.

Walker, H. M., Colvin, G. & Ramsey, E. (1995). *Antisocial behavior in school: Strategies and best practices*. Pacific Grove, CA: Brooks/Cole.

Wehr, S. H. & Kaufman, M. E. (1987). The effects of assertive training on performance in highly anxious adolescents. *Adolescence, 22, 195-205.*

Weissberg, R. P., Caplan, M. & Harwood, R. L. (1991). Promoting competent young people in competence-enhancing environments: A systems-based perspective on primary prevention. *Journal of Consulting and Clinical Psychology, 59, 830-841.*

Weissberg, R. P., Stroup Jackson, A. & Shriver, T. P. (1993). Promoting positive social development and health practices in young urban adolescents. In M. J. Elias (Ed.). *Social decision making and life skills development* (pp. 45-56). Gaithersburg (MD): Aspen.

WHO - World Health Organization (1986). *Health promotion: The Otawa Charter.* Geneva, 5 p.

WHO - World Heath Organization (1997). *Life skills education for children and adolescents in schools.* Geneva, 54 p.

Widom, C. S. (1989). Child abuse, neglect and witnessing violence. In D. M. Stoff, J. Brelling & J. D. Maser (Eds.). *Handbook of Antisocial Behavior* (pp. 159-170). New York: John Wiley & Sons.

Índice

Agradecimentos, 5
Sumário, 7
Apresentação, 9

PARTE I
VISÃO GERAL E CONCEITOS BÁSICOS

1. IMPORTÂNCIA DAS HABILIDADES SOCIAIS NA INFÂNCIA, 15

   1. Qualidade de vida e efeitos positivos da competência social, 16

   2. Déficits em habilidades sociais e problemas psicológicos, 18

     2.1. Transtornos associados a problemas internalizantes, 20

     2.2. Transtornos associados a problemas externalizantes, 21

     2.3. Transtornos associados a problemas internalizantes e externalizantes, 24

   3. Prevenindo problemas na infância, 28

2. BASE CONCEITUAL DA ÁREA DAS HABILIDADES SOCIAIS, 30

   1. Conceitos básicos, 31

   2. Comunicação verbal e não verbal, 35

     2.1. O comportamento não verbal, 37

   3. Três estilos de desempenho social, 39

3. HABILIDADES SOCIAIS RELEVANTES NA INFÂNCIA, 41

1. A diversidade de propostas de habilidades sociais para a infância, 42

2. Principais habilidades sociais, 46

4. A APRENDIZAGEM DE HABILIDADES SOCIAIS NA INFÂNCIA, 50

1. Processos de aprendizagem, 50

2. Tipos de déficit em habilidades sociais e fatores associados, 52

3. A aprendizagem de habilidades sociais na família, 58

4. A aprendizagem de habilidades sociais na escola, 62

   4.1. O que o professor pode fazer?, 65

5. O papel do psicólogo e do atendimento clínico, 68

   5.1. Os pais como coterapeutas, 69

PARTE II
PROGRAMA DE TREINAMENTO DE HABILIDADES SOCIAIS

5. PLANEJAMENTO DO PROGRAMA DE TREINAMENTO DE HABILIDADES SOCIAIS, 73

1. Estrutura geral do programa, 75

   1.1. Composição: homogeneidade versus *heterogeneidade*, 75

   1.2. Tamanho dos grupos, 76

   1.3. Duração do programa e distribuição das sessões, 77

2. Avaliação pré e pós-intervenção, 78

   2.1. Indicadores e dimensões a avaliar, 78

   2.2. Métodos de avaliação, 80

   2.3. Integrando indicadores e dimesnsões, 83

3. Definição dos objetivos do programa, 85

4. A definição dos procedimentos, 86

   4.1. Recomendações ao facilitador, 89

5. Questões éticas, 90

Índice

6. Arranjo do contexto de treinamento, 91
7. O planejamento da generalização, 92
   7.1. *Tarefas de casa*, 94
8. Quando o treinamento não é efetivo, 97

6. VIVÊNCIAS EM HABILIDADES SOCIAIS PARA CRIANÇAS, 100
1. Estrutura e característica das vivências, 101
2. Importância das vivências em programa de habilidades sociais para ciranças, 103
3. Requisitos para a condução de vivências com crianças, 105
4. Seleção e organização das vivências para um programa de intervenção, 107
5. Organização e condução de uma sessão de vivências, 108

PARTE III
HABILIDADES SOCIAIS RELEVANTES: ANÁLISE E INTERVENÇÃO

7. AUTOCONTROLE E EXPRESSIVIDADE EMOCIONAL, 113
1. O que são emoções?, 114
2. Como funcionam as emoções, 116
3. Habilidades de autocontrole e expressividade emocional, 118
4. Ajudando a criança a reconhecer emoção, 118
5. Vivências, 122
   Caixinha de sentimentos, 123
   Os sentimentos têm cores, 127
   Eu tenho sentimentos, 131

8. HABILIDADES DE CIVILIDADE, 136
1. Principais habilidades de civilidade, 139
2. Vivências, 140
   Palavras mágicas, 140
   Descobrindo o segredo, 144

274   Índice

9. EMPATIA, 148

1. Empatia enquanto classe de habilidades sociais, 149
2. Aprendizagem e desenvolvimento da empatia, 151
3. Vivências, 156

   Toda pessoa é diferente, 157

   Quem vê cara, vê coração?, 160

   Olhando e ajudando, 163

   Criança também pode ajudar, 166

10. ASSERTIVIDADE, 174

1. O conceito de assertividade, 175
2. Principais classes de habilidades assertivas, 176
3. Consequências do exercício da assertividade, 177
4. Pensando assertivamente, 178
5. Vivências, 181

   Vamos falar a verdade, 182

   O sim e o não, 186

   Fazendo pedido ao prefeito, 190

11. SOLUÇÃO DE PROBLEMAS INTERPESSOAIS, 195

1. Solução de problemas e outras habilidades sociais, 196
2. O que é um problema interpessoal, 198
3. Princípios gerais para o treinamento em resolução de problemas, 200
4. Passos e habilidades na solução de problemas e tomada de decisão, 202

   4.1. Admitir a existência de um problema, 204

   4.2. Identificar o problema e definir objetivos ou metas, 205

   4.3. Formular alternativas de solução, 206

   4.4. Prever consequências e escolher uma alternativa, 206

   4.5. Implementar a alternativa de solução escolhida e avaliar os resultados, 207

5. Habilidades envolvidas, 208

Índice 275

6. Vivências, 209

  Entrada no paraíso, 209

  Resolvendo problemas interpessoais, 211

12. FAZER AMIZADES, 218

  1. As funções da amizade, 220

  2. Identificando amizades, 220

  3. Condições gerais para fazer amizades, 221

  4. Habilidades importantes para fazer e manter amizades, 223

  5. Vivências, 225

    Perguntando e descobrindo, 226

    Gostando dos colegas, 230

    Minha mensagem para você, 233

13. HABILIDADES SOCIAIS E ACADÊMICAS, 236

  1. Relações entre habilidades sociais e rendimento escolar, 237

  2. Por que as habilidades sociais são importantes para o rendimento escolar?, 240

  3. As principais classes de habilidades sociais acadêmicas, 242

  4. Vivências, 243

    No ritmo da música, 243

    Descobrindo o lugar, 245

    Aprendendo a trabalhar em grupo, 246

Referências bibliográficas, 249

Pierre Weil & Roland Tompakow

O CORPO FALA
A linguagem silenciosa da comunicação não-verbal

288 páginas

A comunicação não-verbal do corpo humano, primeiramente analisando os princípios subterrâneos que regem e conduzem o corpo. A partir desses princípios aparecem as expressões, gestos e atos corporais que, de modos característicos estilizados ou inovadores, expressam sentimentos, concepções, ou posicionamentos internos.

RELAÇÕES HUMANAS NA FAMÍLIA E NO TRABALHO

248 páginas

Um panorama tipológico da problemática das relações humanas, dando sugestões para solução. Esses problemas surgem tanto no serviço social, na administração de empresas, na educação, no matrimônio e na família, no esporte e nos partidos políticos, como em todo exercício de lideranças em geral, no comércio e na indústria.

EDITORA VOZES

Conecte-se conosco:

f facebook.com/editoravozes

◉ @editoravozes

𝕏 @editora_vozes

▶ youtube.com/editoravozes

◯ +55 24 2233-9033

www.vozes.com.br

Conheça nossas lojas:

www.livrariavozes.com.br

Belo Horizonte – Brasília – Campinas – Cuiabá – Curitiba
Fortaleza – Juiz de Fora – Petrópolis – Recife – São Paulo

  Vozes de Bolso

EDITORA VOZES LTDA.
Rua Frei Luís, 100 – Centro – Cep 25689-900 – Petrópolis, RJ
Tel.: (24) 2233-9000 – E-mail: vendas@vozes.com.br